どんな相手でも
ストレスゼロ!

超一流のクレーム対応

怒りを笑いに変える
クレーム・コンサルタント
谷 厚志

日本実業出版社

プロローグ　怒られるのが超ストレス……　クレームは悲劇？　それともチャンス？

■クレームが嫌で嫌で仕方がないと思っている方へ

私、怒りを笑いに変えるクレーム・コンサルタントの谷厚志と申します。どうぞ、宜しくお願いいいたします。

クレーム対応を解説する本がたくさんあるなか、この本を手に取っていただき、誠にありがとうございます！

288ページという限られたスペースになりますが、お伝えしたいことはすべて全力で出し尽くします。ぜひ、最後まで楽しんでお読み下さい。

ところで、「クレーム・コンサルタントって？」「怒りを笑いに変える？　ホンマ⁉」と思われる読者もいらっしゃるかもしれませんので、少しだけ自己紹介させて下さい。

なぜ、私がクレームのコンサルタントをしているのか、どうしてこの本を書いたのかを先にお伝えしますと、元々は企業のお客様相談室、クレーム対応の専門セクションに在籍し、トータルで2000件以上のクレームに対応してきたからです。

「2000件以上のクレーム対応をやりました！」と言うと簡単に聞こえるかもしれませんが、当初はこのクレーム対応の仕事が嫌で嫌で仕方がありませんでした。「**クレーム対応なんて最悪！**」「**クレームを言う客は〝悪魔〟だ**」と決めつけていたほどです。

夜寝る前に、明日またクレーム対応をしなければいけないと思うと、怖くて怖くて震えながら眠れない夜が何日も続いた経験があります。また、朝起きて会社に行こうとすると、熱が出たり、クレーム対応のストレスで円形脱毛症になったり、とても辛い思いもしました。

今考えると、とても恥ずかしい数々の失敗もありました。クレーム対応でお客様をさらに怒らせてしまったことも少なくありません。でも、その失敗から学んで、「**お客様の怒りを笑顔に変える対話術**」を確立することができたのです。

現在は有難いことに、この経験とスキルをもとにクレームの専門家として独立し、年間200本以上のクレーム対応に関する講演や研修に登壇するとともに、数多くの企業からコンサルティングの依頼を受けて実践的なアドバイスをさせていただいています。

よく相談を受ける業種や職種は様々です。販売業やサービス業にとどまらず、建設業や製造業、学校・病院・警察、官公庁、市役所・区役所といった行政機関、また最近では弁護士・社労士と、とても幅広い業種や職種の方々から相談を受けています。

この仕事をやり始めてから痛感したのは、業種や職種を問わず、日本中でクレーム対応に悩む人や苦しんでいる人が本当に数多くいる現状です。

そうですよね。毎日一生懸命、仕事をしていても、お客様から褒められることより、怒られることのほうが多いと思います。


「マズい！」「遅い！」「汚い！」「聞いていない！」「思っていたのと違う！」「これくらいやって当たり前！」「上を出せ！」「金返せ！」――。


なぜ、こんなにクレームは増えたのでしょうか？

ニュースを見ても暗い事件や企業の不祥事ばかり。格差社会と言われて久しい昨今、常に世の中に対して不満を持ち続ける人が増えているような気がします。

激化する企業間競争がサービスのスピードをアップさせ、〝待てない日本人〟を増やしました。便利すぎる世の中の弊害が起きています。インターネットやＳＮＳの発達で人々は自分のメディアを持ち、気軽にクレームや悪口を発信できるようになりました。

また、高齢化社会になったことによって、元気なシニア層が増え、世直し老人たち（笑）が自分の価値観を企業や店舗に押し付けてくることも少なくありません。

日本には、「我慢できない」「順番が待てない」「黙って人の話を聴けない」「自分だけが良ければそれで良い」と考える人、いつもイライラしている人、すぐに怒る人が増えているのかもしれません。価値観や評価基準もかつてとは様変わりし、また多様化しているように感じます。

では、日本の未来は暗く、絶望的なクレーム社会が到来したのでしょうか？

私はそうは思いません。実は必要以上にクレームを怖がり、クレームに対して真剣に向き合って対話することができないビジネスパーソンが多くなったというのが現状であり、それが大きな問題であると考えています。

クレームを悲劇や悪夢だと考えて必要以上に怖がったり、クレーム対応が嫌でストレスを感じたりして、クレーム対応に苦手意識を持ち、それから逃げたり、ごまかしたりするのはやめましょう。そうではなく、今こそ、この本でクレームに対するネガティブなイメージを取り除き、上手なクレーム対応術を身につけてもらいたいのです。

これから、クレームを言うお客様を笑顔にして仲良くなる方法を余すことなく解説しますので、それらを自らのビジネス教養として、また武器として手に入れて下さい。

クレーム対応自体は、決して難しいものではありません。本当です。

クレーム対応の技法を身につければ、あなたのコミュニケーション能力を格段に高めることができ、それによって、あなたと会社のブランドを向上させるチャンスだと捉えて下さい。

また、クレームを言うのは、変なお客様ばかりではないと考えるようにして下さい。最初は手もつけられないほど怒り心頭だったお客様から、「谷さん、私の話をちゃんと聴いてくれてありがとう！　あなたは私の良き理解者です」や、「こんなんされたら、ホンマに誰でも笑顔になりますわ！」と笑顔で言われたことが何度もあります。最初は悪魔のようだと思っていたお客様が天使に変わったと心底思った経験が何度もあります。

お客様を天使に変えることができたとき、あるいは怒りを笑顔に変えることができたときには、クレーム対応なのに心が癒されて、何よりも嬉しい最高の瞬間を私はたくさん経験してきました。

もちろん、天使に変えられずに、本物の悪魔のようなクレーマーに遭遇したケースも経験しています。「天使か、悪魔か」の見極め方についても、この本の中で説明します。でも、天使のほうがほとんどだ、ということを忘れずに読み進めて下さい。

「クレーム対応には、どんな心構えが必要なのか？」「どんなスキルが必要なのか？」「どんな言葉を使い、どんな言葉を使ってはいけないのか？」――、お客様の怒りを笑顔に変えるために必要なことのすべてを、全力で公開します！

また、私が失敗してきたことも包み隠さずに公開していきますので、過去の私を反面教師にして同じような失敗をしないで下さい。

「お客様全員が上品で知性があり、穏やかな方ばかりだったらよいのに……」「自分たちにとって良いお客様とだけ付き合いたい」などと、皆さんは思っているかもしれません。

しかし、**クレーム対応という究極のビジネスコミュニケーション**を手に入れることができれば、悪魔だと思っていたクレーマーが天使だったことに気づき、自分たちの強い味方、つまり一番のお得意様にすることができると思います。

このクレーム社会を上機嫌で過ごしてみたいと思いませんか⁉

この本を読み終えた後、**超一流のクレーム対応**のメソッドすべてが、あなたのお手元に入っているとお考えいただいて結構です。

それでは、クレーム対応の猛特訓（笑）をスタートします。ぜひ、楽しんで下さい。

超一流のクレーム対応　◉目次

第2章　大火事を招く！　アウトなクレーム対応
～絶対やってはダメなNG対応～

第3章 最低限知っておくべき 火消しのルール
～怒りを鎮めるための基本原則～

第4章 心をつかんで切り返す「一流の技法」

〜主導権を握るための心構えとテクニック〜

第5章 大ピンチでも何とかしてしまう「超一流の技法」

～天使と悪魔の見極め方～

装丁／志岐デザイン事務所（萩原 睦）
本文DTP／一企画

第1章

理不尽なクレーマーは超少ない!?

~クレーマーがお得意様になる理由~

理不尽なクレーマーは会社がつくりだす!?

私のところには、様々な企業や店舗の責任者の方から、「ウチの業界はクレームがすごく多い。クレーム産業です」「最近、理不尽で変なクレームが増えて、ホント困っています」という相談がたくさん寄せられます。

でもそれは、本当でしょうか？

クレーム対応の専門家として仕事を続けてきて、いつも疑問に思うのは、「その業界がクレーム産業なのではなく、その会社のクレームが多いだけなのではないか？」「理不尽なクレーマーがいるのではなく、その担当者のクレーム対応がうまくできていないのではないか？」ということです。

クレームに対して過剰な反応をして、「厄介なことが起きた。早く処理してしまおう！」「ヤバい！　面倒なことになった!!」と慌ててしまい、その場限りの不誠実な対応をしたことで、かえってお客様の怒りを大きくしてしまっているのではないでしょうか？

むしろ、「ウチは悪くない」「そんなはずはない」という対応者側の思い込みで大切なお客様をクレーマー扱いして、理不尽なクレーマーに仕立て上げているのではないでしょうか？

実は、**「厄介なことが起きた」と思っているのはお客様のほうです。**

面倒なことになって本当に困っているのは、お客様のほうではないでしょうか？

「きちんと対応してほしかった」と、お客様は悲しんでいるのではないでしょうか？

クレームを言うお客様に対して露骨に嫌な顔をして事務的な対応をしている――、街中でも、そのようなクレーム対応の現場によく遭遇します。「駅の改札で駅員から面倒くさそうに対応されたら自分でも腹が立つ」「区役所で、対応に出て来た窓口の職員に事務的な対応をされたら、さらにクレームを言いたくなる」――、といったシーンです。

そうなのです。理不尽なクレームが増えたのではありません。初期対応で失敗したことによって、最初はそれほど怒っていなかったお客様がどんどん怒りを増幅させている。対応者の事務的な対応に対して、お客様は「そんなことを言うなら、困らせてやらないと気が済まない」と攻撃的になっているのです。

ほとんどのケースで、**理不尽なクレーマーは対応者側がつくり上げていると**言っても過言ではないと思っています。

クレーム対応に慣れていない人は、クレームを受けると頭が真っ白になってしまいます。何と言ってよいのかわからず、お客様から「あなたではダメ！　話のわかる人に代わって頂戴！」と言われると、自分が否定されたかのような気持ちになったり、「自分のせいじゃない」「私たちはちゃんとやっているのに……」などと考えて、「何だ！　この客は言いがかりをつけてきやがって！」と腹を立てたりするかもしれません。

しかし、自分たち（対応者側）が感情的な態度をとっていては、さらにお客様を怒らせてしまうだけです。誰も得することはありません。

お客様の言っていることは間違っている!?

私の講演に参加されたケーキ屋のパティシエさんから聞いた話を紹介します。

そのケーキ屋の一番の人気商品は「特製ロールケーキ」。このロールケーキは、ファンだと言って遠くからわざわざ買いにくるお客様がたくさんいるそうで、そのパティシエさんの自信作です。

あるとき、何度かロールケーキを購入してくれていた若い女性のお客様からクレームが入り、パティシエさんは次のような対応をしたことがあったようです。

お客様　「なんか、この前に食べたロールケーキ、味が今までと少し違いました」

パティシエ　**「お客さん、ウチのロールケーキは長年同じつくり方で私が自信を持ってつくっています。味覚に関してはお客様の体調で変わることもあるので、ウチとしては何ともできないですね」**

このパティシエさんは、自慢のロールケーキにケチをつけられたと感情的になってしまい、思わず一方的に先ほどのように伝えてしまったそうです。

このパティシエさんの勢いに押されたのか、若い女性のお客様はそれ以上、何も言わずに、悲しそうな顔をしてお店を出て行かれたそうです。

しかし、その後も数件、ほかのお客様から同じような指摘を受けたため、店側が慌てて材料の仕入れ業者に問い合わせを入れて原因を調べたところ、ロールケーキに使用する卵を仕入れている業者から、次のような驚愕の告白がありました。

「申し訳ございません。実はお伝えしていなかったのですが、3か月前から卵を取り寄せる鶏卵場を別のところに変えていました……」。この報告を受けて、そのケーキ屋のスタッフ全員が「あのお客様に何ということをしてしまったのか……」と愕然としたそうです。悲しそうな顔をしてお店を出て行かれた、あのお客様がもう来店されることはありませんでした。

このケースでの最大の失敗は、お客様からの声に耳を傾けずに、お客様のほうに原因があると、一方的に決めつけてしまったことです。

お客様のクレームを受け止められず、「自分たちが正しい」「言いがかりだ」と考えて、過剰反応してしまうクレーム対応者は少なくありません。

そうなのです。クレーム対応にしくじって大切なお客様を悲しい気持ちにさせてしまい、これからも長くお付き合いいただけるはずだった大切なお得意様を失ってしまうケースがとても多いのです。

この事例は、「**お客様の言っていることは正しい**」という前提に立って真摯に受け止めることの大切さを考えさせられるエピソードです。

あなたのお店の商品やサービスが好きで、何度も利用してくれているお客様の笑顔を怒りに変えないように、肝に銘じていただきたいと思います。

クレーマーは悪魔ではない

私がかつて会社員としてお客様相談室に所属していたのは、全国の温泉旅館やホテルの予約代行サービスを展開している旅行会社でした。この会社へのクレームのほとんどは、お客様が利用された旅館やホテルに対してのものでした。

具体的には、「泊まった部屋が汚かった！」「露天風呂が写真で見るより小さかった！」「夕食の最後に出されたカニ雑炊に海苔とネギが入っていなかった！」――、このような内容ばかりでした（笑）。

どうでしょうか？　このようなクレームの事情を改めて知ると、「やっぱり、クレームは一部の客のわがままだ」と思いませんか？　「理不尽なことばかり言ってくるクレーマーは悪魔だ」、そう思いませんか？

そのように思った読者の皆さんの気持ちはよくわかります。正直に言いますと、私もそう思っていた時期がありました。一部のお客様のわがままを毎日聞かされ続けて、クレームを言ってくるお客様を悪魔のように恐れていました。クレーム対応という仕事にうんざりしている時期もありました。

ただ現在、クレーム対応の専門家として活動をしているからお伝えするわけではありませんが、「クレーム対応力を身につけたい」と思うあなたには、次のように考えてもらいたいのです。

それは、クレームとは、お客様から**「こうだったら、満足したのに……」「こういうふうにしてくれたら、次も利用したのに……」「ちゃんとやってくれていたら、知り合いに紹介してもよかったのに……」**と教えてもらっているのと同じだということです。つまり、クレームをお客様からの**「アドバイス」「改善のヒント」**と捉えてほしいのです。

「なんやねん！　このクレーム。この客、言い方が腹立つな～」と思うようなクレームは、いっぱいあります。

でも、そのような腹が立つクレームに対しても、一度しっかり聞く耳を持って話を聴いてみると、「このお客さんの言い方は腹が立つけど、確かに、自分が同じことをされたら、同じくらい怒るかもわからんな」と思うケースがよくあるはずです。

もし、「この忙しいときに、そんなことでイチイチ、クレームを言ってこないで下さい！」と言いたくなるようなクレームが起きて困っているのなら、「そうだ！　もう同じことで怒られないぞ!!」と前向きに考えてみるのです。そして、次の日から仕事のやり方を変えたり、商品説明の仕方を変えたり、接客方法を変えたりしてみて下さい。きっと、ビジネスパーソンとして、あるいは組織として成長と進化が得られるようになります。

ホンマでっか!?「お客様は豚ですか？」で怒り心頭！

これは、取引先のレストランチェーン店で起こったクレームの話です。

ランチで来店された3人の女性のお客様がいました。それぞれ「焼肉定食」「ハンバーグ定食」「豚の生姜焼き定食」をご注文。料理がテーブルに運ばれてきたときのやりとりで、注文を受けた男性従業員がどのお客様が何をご注文したのかをしっかり覚えていなかったのがマズかった……。「焼肉のお客様は？」などと聴きながら順番に料理をテーブルの上に置いていったときに事件は起きました。

店員　**「え～と、お客様は豚ですか？」**

お客様「……」

店員**「お客様は豚ですか？」**

お客様「豚って何よ？　失礼ね！」

店員**「……。はっ！　大変失礼しました……（冷や汗）」**

まさにお客様を〝**豚呼ばわり**〟してしまうという、とんでもない失態を犯してしまったのでした（笑）。

当然ですが、その場の空気は凍りつき、豚呼ばわりされたお客様はずっと怖い顔をしたまま食事を済まされ、テーブルに備え付けられたアンケート用紙に怒涛のごとく、クレームを書いてお店を出られたそうです。

このお店の店長から話を聴いた直後は私も思わず、「ホンマでっか⁉」と爆笑してしまいましたが、この事例から学ぶべきこと、つまり業務改善のヒントが明確になりました。

それは、お客様が何を注文されたのかをしっかり覚えること、もし覚えられないならば、「豚の生姜焼き定食をご注文されたお客様は？」というようにメニューを略さない言い方に変えることも考えられます。そもそも、メニューに豚という言葉を使わずに、「ポークソテー定食」に変更するという選択肢もあるかもしれません。それでも「お客様はポークですか？」と言ってしまうと、「誰がポークよ！」と、また怒られてしまうでしょうが……（笑）。

このように思わぬクレームを起こさないためにも、普段から自分たちが**クレームのなかでお客様から指摘されたことを学びに変えていく**ことを実践する必要があります。

もっと言えば、クレームを起こさないためにも、自分がお客様の立場でサービスを受けたときに嫌な気持ちになったことがあれば、お客様に同じような気持ちにさせないように、自分のサービス力を磨くことを心がけて下さい。

クレーム対応がうまくできない企業に共通する〝口癖〟

クレーム対応がしっかりできていない企業、クレームを受けた従業員がお客様をさらに怒らせているお店には、共通する口癖があります。

それは、クレームを「**処理する**」という言い方です。「**クレーム処理**」という表現を日常的に使用していると、お客様をさらに怒らせてしまうのです。

クレームは処理するものではなく「対応する」ものだと、私はいつも講演や研修などで強くお伝えしています。

クレームを「処理するもの」と考えた時点で、目の前のお客様を嫌な客だと捉え、その場限りの対処をしてしまうでしょう。これは間違いなく処理に該当します。これでは、いつも利用してくれている大切なお客様を、ゴミのように扱っているのと同じだと思います。
私が企業からクレームに関して相談を受けるとき、ご用意いただいた書類のタイトルが「クレーム処理票」と記載されていることがほとんどです。**残念ながら、「クレーム処理」という考えでは、お客様の怒りを笑顔に変えることなどできません。**

反対に、クレーム対応がうまくいっている企業や、お客様の怒りを笑顔に変えている組織は、クレームに対して「対応する」ことを心がけています。

つまり、「クレーム処理」ではなく、「クレーム対応」という表現を使っています。そして、組織全体でクレームを真摯に受け止める、という考え方が浸透しているのです。

確かに、社内での会議の場で、「昨日、現場でクレームがありました」というような報告を聞くと、何かものすごく怒られたとか、言いがかりをつけられたようなイメージを持ってしまい、何となく気持ちも暗くなってしまいます。

「クレーム処理」と言っている組織は、うまく対応ができないだけでなく、クレームの報告を社内で共有して次に活かそう、という気持ちになれないのかもしれません。

私の取引先企業では、社内でクレームがあった際に、「クレーム」という言葉を使わないと決めているところも増えています。「ご指摘」「お客様の声」「お客様の本音」などと呼んでいます。社内で情報共有するための報告の場でも、「改善点をご教示いただきました」というような表現を使用している組織も少なくありません。

実際、研修でお邪魔した企業のなかには、クレームの報告時に、「市場からの掘り出し物が見つかった！」と社内に発信している流通業の会社や、「当社がさらに良くなるためのフィードバックがありました！」とか、「当社の〝伸びしろ部分〟をお客様よりご提案いただきました！」などと表現しているIT企業もあります。

まさに、クレームから学ぼうとする企業姿勢が垣間見える表現ばかりです。昔から「**クレームは宝だ！**」と言う経営者も少なくありませんが、クレームに関する表現（定義）は、企業など組織のクレームに対する考え方や姿勢が最もよく表れる部分だと思います。

繰り返します。**クレームは処理するものではなく対応するもの**です。対応の具体的なやり方は第3章以降でじっくり説明していきますが、クレームをしっかり対応すると、どのような良いことが起きるのでしょうか？

それは、怒りまくっていたお客様の表情が笑顔に変わり、そのお客様は何度も何度も利用してくれる「有難いお客様」「お得意様」「ファン」「ロイヤルカスタマー」になってくれるのです。そうです。〝クレーム対応の醍醐味〟を味わうことができるのです。

クレームは起きたほうがいい!?

新規で初めて商品やサービスを利用したお客様は、クレームをほとんど言いません。

その理由は、その商品やサービス、会社や店舗などに対してあまり思い入れがないか、それほど期待がなかったからです。そのようなお客様は、「初めて利用したけれど、この会社の商品やサービスはこんなもんか」などと考えて黙って立ち去っていきます。

では実際に、クレームをよく言われている企業やお店ではどうでしょうか。やはり、商品やサービスがヒドいから、あるいは嫌われているからクレームが来るのでしょうか？

実は、この考え方は間違いです。

クレームがどうして起こるのかというと、それは〝**お客様からの大きな期待**〟があるからなのです。

売上が増えるとクレームは増える！

「この間まであんなに良かったのに、今回どうしちゃったの。ちゃんとやってよ！」と、今まで気に入って利用していたリピーター層がクレームを言ってきます。「また使いたいのに、同じことがあったら困る！」――。

これが、クレームが発生するときに一番多いパターンです。

売上が上がるということはリピーターが増えているということで、そのリピーターがクレームを言うのです。お客様が増え、売上が伸びると必然的にクレームが増えるのは当たり前だということを覚えておいて下さい。

売上が上がっているのに、クレームがないのはむしろ危ないのです。その場合、商品やサービスに魅力がなくて、お客様の期待値が下がっている可能性が高いからです。

少し補足すると、特に替えが利かない、市役所や区役所などの行政機関、郵便局や地方銀行などの地域密着型企業は、お客様の期待値が高いのでクレームは大きくなります。

また、テレビ局やラジオ局などの公共媒体も同様にクレームがとても多くなります。「**全然、面白くなかった！**」「**あのタレントを出演させるな！**」という視聴者のクレームに思わず、「**嫌なら見るな！**」と言いたくなりそうですが、視聴者は、日曜日の夜は家族でみんな楽しみにして決まった番組を見ていたり、朝もいつも同じ番組を見ながら一日のスタートを切っていたり、というように自分の生活習慣に組み込んでいます。そうした影響力のあるサービスに対しては、大きなクレームに発展する傾向があります。

このようなクレームでは、お客様から理不尽に思うような言い方をされるかもしれませんが、お客様は本気でそう思っていて、本気で怒っているのです。「ちゃんとやってよ！」「毎回楽しみにしているのに、こんなことでは困る！」というように、お客様から期待されている裏返しなのだと理解して下さい。

私がお客様相談室で働いているときに、会社に届いた「お客様の声」を取りまとめていてわかったことがあります。それは、サービス業では、お客様からあまり褒められないということです。褒め言葉より、むしろクレームを言われることのほうが圧倒的に多いのです。

クレームの受け手側は、お客様に一生懸命尽くしているにもかかわらず、それに気づいてもらえず、なかなか感謝もされません。

余談ながら、「お客様の喜ぶ顔が見たい！」と気合十分で入社してくる新入社員が挫折する理由がこれです。サービス業では、お客様から褒められるより怒られる回数が圧倒的に多いのです。だからこそ、お客様の怒りを笑顔に変えるクレーム対応を学んでいただきたいのです。

私がクレーム対応の専門家をやっている最大の理由の1つは、クレームを言うお客様をお得意様に変えることができるからです。それができたときの充実感は、お客様から褒められるときよりも大きく、ものすごく良い気持ちになれます。

それを全国のクレームで悩んでいる方々に気づいてほしいと思い、この仕事を続けています。

お客様の怒りを笑顔に変えてファンにしよう!

神社の神主さんに、「**恋愛運が上がると聞いて、何度も通ってお願い事をしたのに、男運が一向に上がらない!**」と大声を出して、理不尽なことを言ってくる20代の女性。

銀行のカウンターで、「**お前たちのせいで大損した! 俺はお前たちに言いたいことがたくさんある。支店長を出せ!**」と暴言を吐き、一方的に怒りをぶちまける50代の会社役員――。

これらは実際に、私がコンサルティングをしているクライアントから相談を受けたクレームの例です。

驚かれた方もいるかもしれませんが、これは悪質クレームではありません。このようなクレームの対応方法は後ほど紹介しますが、こうした一見、わがままなクレームに思えるような場合でも、お客様の怒りを笑顔に変えて、円満に解決することは可能です。しかも、そのようなクレームを言ってきたお客様をお得意様やファンに変えることができます。

こんなふうに、クレームを言うお客様をファンに変える方法を、あなたも身につけたいと思いませんか?

お客様は良い商品や快適なサービスを提供されると、「次も使おう」と考えてリピーターになってくれます。そして次に使ったときに、「この前と違った」と思うと、クレームを言ってきます。でも、そのクレームに対してしっかり対応すると、それがきっかけでお客様をファンにすることができます。そのファンになったお客様は、もうクレームを言わなくなり、良い口コミをどんどん広げてくれます。新しいお客様と会社の利益を増やすお手伝いをしてくれるのです。

少し前まで、「クレームはあってはならないもの」と考えられていました。でも今は、違います。クレームは必ず起こるものですから、その対策を準備しておくことが大切です。クレーム対応のやり方を知らないで対応するのは、ラケットを持たずにテニスの試合に出場するのと同じで、お客様とラリー（対話）することができません。

言い換えれば、クレーム対応を学ばない人がクレーム対応を行なうことは、ロープをつけずにバンジージャンプをするのと同じです。大ケガをするだけです。出たとこ勝負やケースバイケース、個人のマンパワーの対応力に頼ったりするのはやめて下さい。

まだ信じられない方もいらっしゃるとは思いますが、クレーム対応に満足したお客様は宣伝部長のように、どんどんお客様を紹介してくれるようになります。

まさに、**クレーム対応は、一生の顧客をつくることのできる絶好の接客シーン**だと考えることが重要なのです。

クレーム対応は失敗してはいけない

クレーム対応は、なぜ失敗してはいけないのか？

それは、お客様を2回も残念な気持ちにさせてしまうからです。

クレームが発生した時点で、すでにお客様は嫌な気持ちになっています。黙って去ってもよいのですが、ひと言言いたい、言わずにいられないと考えてクレームを言ってきたのです。ところが、このクレームにしっかり対応できなかった場合には、お客様はまた嫌な気持ちになるわけです。

「とても良いサービスだった」と、お褒めのメールを送ってくれたお客様より、むしろクレームを書いてメールを送ってくれたお客様の言葉にこそ、耳を傾けましょう。そして、次もご利用いただけるように、丁寧な対応をして下さい。

クレームを言ってきたお客様は、「きちんとやってくれたら、次も使ったのに！」と教えてくれているのです。そう、**お客様はあなたの会社のお得意様になりたかったのです。**

だから、クレーム対応は失敗してはいけないのです。お客様を2回も残念な気持ちにさせずに、もう一度使ってもらえるように最大限の努力をして下さい。特定のお客様だけをえこひいきしてはいけませんが、お褒めの言葉をいただいたお客様と同様に、クレームを言ってきたお客様も大切なお客様として向き合うように心がけて下さい。

クレーム対応で失敗すると、失うのはお客様の信頼だけではありません。20ページで紹介したケーキ屋の味が少し違うというクレームが典型的な例ですが、そのお客様から享受できたはずの「**未来の利益**」も失ってしまうことになるのです。

クレーム対応で失敗しても「一人くらい」と思うか、その先の大きな利益を失ったと考えるかで、天と地ほどの明暗が分かれると言っても過言ではありません。そのお客様からの10年間の利益を失うだけでなく、ほかのお客様を紹介してもらえる機会も失ってしまうからです。さらに、ネガティブな口コミが広がってしまうかもしれません。

仕事で失敗して怒られるのは仕方がありません。でも、そのアフターフォローのクレーム対応で失敗すると、完全に信頼をなくしてしまうので致命的です。クレーム対応は絶対に失敗できない「**究極のビジネスコミュニケーション**」だと心得て下さい。

悪質なクレームよりも良質なクレームのほうが圧倒的に多い

テレビや雑誌などのメディアで悪質クレーマーの特集が組まれることが増えてきました。コンビニの従業員に土下座を強要した悪質クレームについての報道が、連日のように取り上げられたこともありました。でもこれは、クレームのほんの一部です。

むしろ、良質でまともなクレームのほうが圧倒的に多いのです。**聞く耳を持って受け止めるべきクレームのほうが断然多い**ということを忘れないようにして下さい。

フジテレビ系列の情報バラエティ番組『ホンマでっか!?ＴＶ』で、私は「企業クレーム評論家」という肩書きで出演しています。番組内で、モンスタークレームについても解説をさせていただきました。

そのときにコメントしたのが、悪質で無理難題を言っているように思えるクレームでも、お客様の話をしっかり聴いてみると、悪質ではないことのほうが多いということです。このことを世の中に伝えたくて、番組出演のオファーを引き受けたのです。

悪質なクレームに関しての見極め方と対応法は第5章で説明しますが、クレームのほとんどは、会社の利益向上に直結するものと考えていただいて構いません。

クレームがきっかけでカリスマ営業マンが誕生！

私事ですが、先日、自宅の引っ越しをしました。たまたま友人から、「そのエリアに引っ越しをするなら、知り合いの不動産会社に〝カリスマ営業マン（正しくは営業ウーマン）の平野さん〟がいるから、その人をご紹介しますよ」と言われました。

言われたまま、その会社の窓口に行くと、その平野さんが対応に出て下さいました。年齢は50歳前後の柔和な笑顔が印象的な女性でした。カリスマという表現とは少しイメージが違うというのが私の第一印象でした。

平野さんとは物件のご紹介をいただく前にいろいろ「**雑談**」をしました。私の家族構成や妻のこと、子供たちが小学校と保育園に通っていること、私が仕事中心の生活になっていて最近は体を動かすことができていないことなど、とりとめのない話をしたことを記憶しています。そして、このような雑談が終わった後に彼女からおススメの物件をいくつか提案してもらいました。

でも、正直ガッカリしました。なぜなら、それらの物件は、ほかの不動産屋さんとほとんど同じ物件ばかりだったからです。

「あれっ！　どこがカリスマやねん。たいしたことないな（私の心の声）」とそう思い始めたころ、この平野さんがカリスマ営業マンだという理由がハッキリとわかりました。平野さんは、そのおススメ物件の1件1件に対して付加価値の付いた情報を、次のようにバンバン教えてくれるのです。

「この物件の近くには最近では珍しいのですが、八百屋さんがあってホントに新鮮で安いですよ。ここで買ったら、もうスーパーでは買えなくなります。奥様はとても喜ばれると思います」

「こっちの物件でしたら、お子様はこちらの小学校になります。実は、この小学校の校長先生が教育熱心で、定期的にアスリートや有名人を講演会に呼んで児童に話を聴かせていますよ。こんな小学校はあまり聞いたことがないですね」

「この物件だったら、近くにはスポーツセンターがあります。早朝のプールは250円。お仕事の前に運動ができますよ。谷さんの運動不足も解消されますね」――。

そうなのです。平野さんは物件自体の情報よりも、この街での楽しみ方、この物件に決めた場合のメリットをたくさん教えてくれるのです。まさに、お客様一人ひとりに合わせた付加価値となる情報を提供できることがカリスマ営業マンと呼ばれる所以だったのです。

自分の知っていることを一方的に話すのではなく、雑談しながらお客様の個人的な情報をしっかり入手して、そのうえで雑談の延長かのように、私たちが知りたい価値のある情報や得する情報をたくさん教えてくれたのです。この平野さんのプロの仕事ぶりに、メチャクチャ感動しました。

もちろん、平野さんに仲介契約をお願いしました。

その契約が無事終了した後に平野さんから教えてもらったのですが、実は平野さん、以前はお客様のご希望の条件に合わせて物件を右から左にという感じで紹介していたそうです。つまり、事務的に仕事をこなしていた時期があったそうなのです。

でも、ある年輩の女性のお客様から、「どこに行っても、同じ物件の説明しかしないのね。わざわざ来て損したわ！」と強烈な不満を言われたことがあったそうで、そのときにとても悔しい思いをされたようです。

そこから彼女は勉強に勉強を積み重ねて、お客様が選ぶ物件のメリットや、その物件を選んだ場合の街の楽しみ方などを、どこの不動産会社よりも詳しくお客様に伝えられるようになったのです。**カリスマ営業マンが誕生したのは、1つのクレームがきっかけ**だったのです。

この事例からわかるように、クレームを真剣に受け止め、次にどう活かすのか、どんな付加価値サービスを追加していくのかを追求している企業やビジネスパーソンだけが生き残れる時代になってきたと思います。これを実践できる企業と、ビジネスパーソンだけが、クレーム社会で楽しく仕事をすることができるのです。クレームを利益に変える考え方を持つことが今、必要とされているのです。

COLUMN

クレーム対応は推理小説を読むのと似ている

クレーム対応をしていると謎だらけ！

クレームを受けると、謎が謎を呼ぶような状況に直面することがあります。私の講演にご参加いただいたイタリア料理店のシェフから相談を受けた事例ですが、「**シェフの気まぐれサラダが、気まぐれすぎる！**」という、とても印象深いお客様からのクレームを紹介したいと思います。

思わず、「ホンマでっか!?」と笑ってしまいそうになるクレームですが、お客様は「気まぐれにもほどがある！」と怒り心頭だったそうです。

このクレームは某グルメサイトの口コミ投稿欄に記載されたものでした。オーナーシェフから、「こんな書き込みがあるのですが、無視しても宜しいでしょうか？」と相談を受けたので、「お客様のご連絡先がわかるのであれば、一度お電話してお話を聴いてみてはどうでしょうか」と提案したところ、後日、そのお客様と電話で話ができたそうです。

謎の「気まぐれ事件」の真相は次のとおりです。

このクレームの主は30代のＯＬの方でした。実は、このクレームを書き込む1週間前にお一人で、このイタリア料理店にお越しになっていたようです。そのときに、パスタとセットで注文をされたのが問題の「**シェフの気まぐれサラダ**」でした。価格が安かったわりには実際に運ばれてきたのはとても豪華なサラダでした。いろいろな野菜がたくさん盛り付けられていてボリュームもあり、色合いも鮮やかでとても瑞々しく美味しかったそうです。「これは良いお店を見つけた」と思って、そのお客様は帰り際に翌週の女子会の予約をされたそうです。

そして翌週の女子会で、参加メンバーたちに「このお店、パスタも美味しいけれど、シェフの気まぐれサラダも美味しいのよ！」とサラダが出てくる前に大絶賛していたそうです。しかし、そこで出てきたサラダは、先週頼んだ同じメニューとは思えないほど、見た目が明らかにアウト（残念）なものだったようです。野菜の種類も前の週より明らかに少なくて質素でボリュームも感じられない、手抜きされたとしか思えないようなサラダだったようです。

そんなアウトなサラダを出された女友達は、ビミョーな顔をして食べていたそうです。「シェフの気まぐれサラダが、気まぐれすぎる！」という一見、謎のようなクレームには、こんなストーリーがあったのです。「この店に恥をかかされた！」という感情が、そのお客様がクレームの書き込みをされた原因だったのです。

「**このお店を気に入ったから、リピーターになって友達まで連れてきてあげたのに、何**

をやってくれるのよ！」、これがお客様が怒った最大のポイントだったのです。

このようにクレームは、お客様から話を聴き進めていくうちに、真実にたどり着き、「だから、こんなミステリーな事件が起きたのか」と謎解きされていきます。

後日談ですが、そのお客様のクレームにしっかり対応したため、そのお客様はお得意様になってくれたようです。

このイタリア料理店のオーナーシェフは元々、パスタにこだわりを持っていて一番力を入れていたものの、気まぐれサラダにはあまりこだわりがなかった、と反省されたようで、この「気まぐれ事件」がきっかけでサラダにもパスタ同様に、こだわりを持つようになったそうです。その結果、シェフの気まぐれサラダは、「**シェフのこだわりサラダ**」にメニュー名を変更しました。

パスタと、この「シェフのこだわりサラダ」をセットで注文されるお客様が増えて、顧客単価も上がり、売上がアップした、とシェフは大変喜んでいらっしゃいました。

第2章

大火事を招く！ アウトなクレーム対応

～絶対やってはダメなＮＧ対応～

三流以下だった谷厚志のクレーム対応の失敗談

第1章の34ページで、「クレーム対応は失敗してはいけない」と説明しました。私は今でこそ、クレーム対応の専門家として仕事をしていますが、しかし実は昔、いっぱい失敗をしてきました。

対応をしくじり、お客様を怒らせてしまった件数は数え切れません（笑）。今は本当に恥ずかしくて思い出したくないような失敗もたくさんあります。

ただ、たくさん失敗をして恥をかいて学んだことは一生忘れないものです。恥をかくことによって、それ以降、同じ失敗を繰り返すことはなくなりました。そして今では、昔の失敗談を笑いながらネタとして話せるようになっています。

この第2章では、まさに三流以下のクレーム対応者だった私、谷厚志のアウト（残念）なクレーム対応の代表事例を10個用意し、順に説明していきます。

読者の皆さんにはぜひ、反面教師にしていただければと思います。

皆さんはどうでしょうか？

私と同じことをやっていませんか？

「このクレーム、自分のせいじゃないのに」と考えていた

●「部下には気をつけろ」と言っているのですが……

これは、私が会社員時代の人事異動で営業部からクレーム対応の専門セクション、お客様相談室に異動してクレーム対応責任者として仕事をし始めたころ、クレーム対応の現場で最も使っていた言葉です。

クレーム対応を他人事のように、「自分のせいじゃない」とアピールばかりしていました。今考えると、本当に恥ずかしく思っています。

社会に出て仕事をするようになって一番理不尽だと思うことは、自分のせいではないクレームを対応しないといけないことではないでしょうか。前任者の対応不備へのクレーム、たまたま取った代表電話で他部署へのクレームを言われたときなどです。

つまり、クレームのほとんどは、自分のせいではなくても、組織の代表として対応しなければいけません。

経営者や管理職の方がクレーム対応をするケースでは、ほぼ100％が自分のミスではないクレームだと言えます。

にもかかわらず、私は次のようにアウト（NG）な対応を繰り返していたのです。

アウトな対応例

私　**「『部下には気をつけろ！』と何度も、私は指導していたのですが……」**

お客様　「じゃあ、あなたは上司として、どう責任を取るおつもりですか！」

私　「（頭が真っ白）**それは……、あの……**」

●どれだけ〝自分事〟としてクレーム対応できるかが重要

お客様も「この人のミスではない」「この人のせいではない」ことはわかっています。でも、怒りの矛先をあなたに向けるしかなかったのです。

対応している目の前の問題を〝**自分事**〟として捉えられず、非を認めずに「部下がやったことですので……」と、ただ単に責任逃れをすると、お客様はこの逃げた上司を許してくれません。こうした責任逃れの言葉を使ってしまうと、その後必ずと言っていいほど、「責任者として、どういうお考えでいらっしゃるのですか？」「あなたは関係ないと言うのですか？」とクレームの矛先が自分に向かってきます。私も実際にそう言われて、「そういうつもりではないのですが……」と言葉に詰まったことは数え切れません。

私のクライアントのなかにも、届いた商品の色がホームページに掲載していた写真の色と全然違うというクレームに対して「写真はイメージと違う場合があることは備考欄に書いてあります」と反論を連発して、「あなたは無責任だ！」と怒られている通販会社のオペレーターがいました。

地方の海鮮食堂で食事をしたときに料理の提供が遅いというクレームを言ってきたお客様を対応した店長が、「今日は新人２人がホールで対応しておりまして……」と平気で言い訳をして、お客様をさらに怒らせていた現場に遭遇したこともあります。

私自身も言い訳をして逃げていましたので、そう言いたくなる気持ちはとてもよくわかります。ただ、お客様は、「写真とイメージが違う場合がある」「新人が入っていたので対応が遅くなった」――、そんな言い訳を聴きたいわけではありません。ひと言、潔く謝ってほしかったのです。

お客様に迷惑をかけたとき、たとえその原因が自分になくても潔くお詫びをすれば、お客様も少し心が穏やかになります。謝ってくれたと思って、少しは許す気持ちを持っていただけるようになります。

これは取引先のリフォーム会社の話です。「打ち合わせと違う製品が取り付けてある」と、施行主のお客様から担当営業マンにクレームが入りました。

すると、この担当営業マンは突然のクレームに動揺したのか、「工事をした工務店のミスだと思います」と咄嗟に言い逃れをしたことでお客様が大激怒――。たらい回しにされたと考えた、このお客様がすぐに担当営業マンの上司にクレームを言ってきました。

でも、上司の次のような対応によって、お客様の怒りを鎮めることができたのです。

OK対応例

お客様「おたくの営業マンは無責任だ。工事は即刻中止しろ！　ほかの会社に依頼する!!」

上司「**当社に無責任な対応があったようで本当に申し訳ございません。私に責任がございます**」

このように逃げずに、すべての責任は自分にあるという姿勢を見せたそうです。

お客様はこの上司の真摯な対応に、少し落ち着かれたようで、事の経緯を冷静に伝えられたそうです。

その後、この上司がクレームにしっかり対応したことを知らずに担当営業マンと工務店の工事責任者がお客様のご自宅を訪問した際、お客様は笑いながら、「私が勘違いしていたようだね。感情的になって申し訳なかったね」と恥ずかしそうにお話をされたそうです。

その後、リフォーム工事も無事に滞りなく終え、お客様も大変ご満足されたようです。

クレームから「嫌だ」「怖い」と逃げた時点で、お客様はさらに怒ります。嵐が去るのを待っていても時間が解決してくれるわけではありません。

クレームは初期対応が大切です。最初の対応がうまくいかないと、結果は必ず悪くなります。「それは、私どもの部署が窓口ではありませんので……」というように、お客様にたらい回しにされそうな印象を与えるのは絶対にやめましょう。

自分のせいではなくても、お客様を嫌な気持ちにさせてしまった事実があったのならば、部署や肩書は関係なく組織の代表として、**最初にお詫びする対応**を心がけて下さい。クレームから逃げない勇気と、自分事と捉えて向き合う強い心を持ちましょう。

クレームは会社や自分の部下が引き起こしたものかもしれませんが、お客様は対応者である、あなた個人に対してクレームを言っています。

「自分は損をしている」「クレーム対応をやらされている」と後ろ向きに考え、逃げるような態度をとれば対応が余計に長引きます。逃げれば逃げるほど、お客様の怒りが大きくなって、あなたを追いつめようとするのがクレームです。

「**ここで指摘してもらわなかったら、また同じことが起きるところだった**」と自分事として捉えることができれば、対応時間も短くなります。ここは思い切って、「自分のクレーム対応のスキルと経験が増えて、自分にとってプラスになる」というくらい、前向きに考えて積極的な姿勢でクレームと向き合ってほしいのです。

お客様のタイプや業界に応じてクレーム対応のやり方を変える必要はありません。お客様としっかり対話するところから始めて下さい。

クレーム対応において、謝罪は必須のコミュニケーションです。

謝罪の向こう側に明るい未来が待っていると考えて下さい。

謝罪することで、怒りを笑顔に変えることができます。夜明け前が一番暗い。でも、必ず夜は明けます。明るい太陽の光が射す爽やかな朝を迎えるために、まずはクレームを言ってきたお客様にしっかり謝って下さい。

ここが POINT

× 「私のせいではないのに……」

○ 「お客様を嫌なお気持ちにさせてしまったのだな。申し訳なかった…」

☑ 自分事と捉えて、「謝罪する」ことで対立関係を対話できる関係に変える

☑ クレーム対応とは勇者の行為。怖くても逃げない「強い心」を持とう!

興奮しているお客様をなだめていた

月曜日の朝9時、代表電話に出たところ、お客様が興奮して大声を出してクレームを言ってくる。何とか収めたいと焦るあなた――。さて、どう対応しますか?

「お客様、もう少し落ち着いて下さい」と言って、お客様をなだめて冷静になってもらう。昔の私は、このようなクレーム対応をやっていました。でも、このように対応すると、必ずと言っていいほど、次のような感じになります。

アウトな対応例

私　**「お客様、もう少し落ち着いて下さい」**

お客様　「バカヤロー！　俺は落ち着いている!!」

私　**「ウソやん……、全然怒っているし……**（私の心の声）**」**

もうおわかりだと思います。

実は、〝なだめる〟という対応は、お客様に対して遠回しに命令や指図をすることになります。そのため、「**売り言葉に買い言葉**」のような状況になってしまうのです。

店内で大きな声でクレームを言うお客様に対して、「ほかのお客様にもご迷惑になりますので、もう少しお静かにお願いします」も同様です。どんなに丁寧に言ったところで、「あなた、そうしなさい」と命令や指図していることになります。


取引先の産地直送品の売店で、年輩のお客様から、「おたくで買ったリンゴが硬かった。食べられたものじゃなかったぞ！」というクレームがありました。これに対して50代後半の男性店長が、「お客さん、リンゴが硬いのは当たり前。歯ごたえがあるのがリンゴの良いところですよ。お客さんは歯と歯茎を鍛えたほうがいいですね」と言い放ったそうです。自分たちが誇りを持って販売しているリンゴの良い部分を伝えたかったという気持ちはわからないではありませんが（笑）、「歯と歯茎を鍛えろ！」は、まったく余計でした。案の定、お客様が激怒され、大騒ぎになったのは当然の結末です。

この話はかなり極端なケースかもしれませんが、この男性店長の発言も〝なだめる〟あるいは〝指図〟に近い行為に分類されます。

クレームを言ってきたお客様をなだめたり、指図したりするのではなく、それをぐっと堪えて、次の例のように「**お客様の話を聴く姿勢**」を優先して下さい。

OK対応例

お客様「おたくで買ったリンゴが硬かった。食べられたものじゃなかったぞ！」

対応者**「お買い上げいただいた商品でご不便をおかけして申し訳ございません。もう少し詳しくお話を聴かせて下さい」**

対応者側からすると、クレームは極力受けたくないもの、できれば対応したくないもの、という気持ちがあるかもしれませんが、実はそれ以上にお客様もクレームを伝えるのは嫌なことだと思っているのです。

「せっかく楽しみにしていたのに……」「楽しい時間を過ごしたかったのに……」「きちんとやってくれたら、イチイチ電話することもなかったのに……」などと、できればクレームは言いたくなかったはずです。

「毎日行くお店だし、クレームを言って行きづらくなるのは嫌だ」「理不尽なクレーマー扱いをされたら、どうしよう」というように、ストレスを感じているお客様も少なくないのです。

このようなお客様がクレームを言ってくるまでの想いを、皆さんには受け止めていただきたいのです。「お客様はなぜ怒っているのか？」「お客様に何があったのか？」、怒り心頭で興奮されている理由をお客様に聴くようにしましょう。

実際、話を聴いてみると、お客様が怒っていたのは、「こうしてほしかった」「こんなことをされたら困るので、次はきちんとやってほしい」とお困り事があったからだとわかります。お客様のお困り事は、自分たちの業務改善のヒントになるものです。そこを改善すれば、お客様はあなたの会社の商品やサービスをまた利用してくれるのです。

私の経験上、**お客様は言いたいことを全部出し切ると、それ以上言うことがなくなる**ので、どんどん冷静になっていきます。

ここがPOINT

× なだめる

○ 話を聴く。受け止める

☑ お客様にすべて話をしてもらう。不満を全部吐き出してもらう

☑ 「一に傾聴、二に傾聴」。お客様の話をしっかり聴こう！

お客様の話に反論して否定的な言葉を使っていた

「それは違います」

「それはないですね」

「ちょっと待って下さい。これはですね……」

「こっちの話も聞いて下さい」

「お客様、先ほどから何度も言いましたけど……」


これらの言葉も、昔の私の口癖でした。お客様の話を遮って、自分たち（対応者側）の言い分を一方的にお客様に伝えて必死に説得しようとしていました。

おそらく、私の顔にはイライラの感情が出ていたのではないかと思います。

当然ですが、このような言葉を使った後に、お客様と円満な解決を迎えられた記憶は1つもありません。結局、お客様から「アンタではダメだ！　上を出せ!!」と言われて、当時の上司に電話を代わってもらって収束するまでにかなり長い時間を要していました。上司にもお客様にも大変ご迷惑をおかけした苦い記憶だけが今も心に残っています。本当に反省の気持ちしかありません。

特に、お客様の思い込みや勘違いのクレームに対しては、否定的な言葉を投げかけたり、反論をしたりして、お客様の話を遮って自分の言い分を伝えようとしていました。こちらの言い分をわかってほしかったのですが、クレーム対応者としては失格です。

お客様の話に反論する対応は三流以下であることは間違いありません。

●クレーム対応は自分たちの正当性を主張する場ではない

クレーム対応の心構えとして大切なことは、「我こそが正義なり」と考え、お客様を否定して打ち負かしてはいけないということです。

クレーム対応のNGワード

「でも……」
「今まではそんなことがなかったのですが……」
「その場で言っていただけたら良かったのですが……」

このような言い訳や、自分たちを正当化するような言葉が、残念ながらクレーム対応の現場では当たり前のように飛び交っています。クレーム対応のＮＧワードの代表例だと思います。

自分がクレームを言ったお客様の立場だったらどんな気持ちになるだろうか、これを考えれば、言い訳などがアウト（ＮＧ）であることは簡単にわかると思います。

東京駅付近のデパ地下のお惣菜コーナーで、次のようなクレーム対応の現場に偶然遭遇しました。

アウトな対応例

お客様　「さっき買ったお惣菜のタレがこぼれていたんだけど……」
対応者　**「そうなのですか。失礼ですが、傾けてお持ちになったのでは……」**
お客様　「何っ！　そっちが最初からこぼれている商品を袋に入れたんだろ！」
対応者　**「そんなことは今まで一度もありませんが……」**
お客様　「……（絶句して怒りを必死に抑えている様子）」

「そんなことは今までなかったのに……おかしいですね」、お客様はそんな台詞を聴きたいわけではありません。このような言い方では、お客様を怒らせるだけです。

まずは、お客様の言うことを否定しないで受け入れることが大切です。

このケースの正しい対応例は次のとおりです。

OK対応例

お客様「さっき買ったお惣菜のタレがこぼれていたんだけど……」

対応者**「さようでございましたか。それは大変ご不便をおかけしました」**

お客様「いや、こっちも傾けて持ってしまったかもわからないのだけど……」

対応者**「大丈夫ですよ。宜しければ袋をお取替えします」**

お客様「申し訳ないね。余計な手間を取らせて」

こんな対応ができたら良かったのかもしれません。ひょっとしたら、店側の商品の入れ方が良くなかったのかもわからないのです。否定や指摘から入るのではなく、クレームを受け止めて差し上げる対応を心がけると、お客様が嫌な気持ちになることはありません。

「何が起きたのか？」「どんなことでお困りなのか？」を理解してからでも、自分たち（対応者側）の言い分は十分伝えられます。

自分たちの言い分を主張したい気持ちをぐっと抑えて、まずは「**いつ**」「**どこで**」「**何があったのか**」「**お客様はどんなお気持ちなのか**」「**お客様はどうしてほしいのか**」を理解することが、クレーム対応の基本中の基本です。

●前向きな言葉だけを使う

先日、仕事仲間と2人で食事をすることになり、ダイニングレストランに2名分の席を予約するために電話をした際、電話対応したスタッフの方に「カウンターの席しか空いていないです」と言われました。男性と2人だったので、テーブル席で正面で顔を突き合わせて話をするよりカウンターの席に並んだほうが良いと思っていたのですが、こう言われてしまうと、「何かカウンターの席は雰囲気が悪いのかな」と不安になりました。

この場合、「お客様、ちょうどカウンター席が2つ空いてございます！」と前向きな表現に変えると、言われたほうの印象がガラッと変わりますよね。

クレーム対応の場でも、後ろ向きな言葉を使うと、お客様に嫌な気持ちを与えてしまいます。最初はそれほど怒っていなかったお客様が急に怒りを爆発させてしまう、代表的なNGワードに「**二重否定**」の言葉があります。

その二重否定の言葉とは、例えば「**～しないと～できないです**」などです。この言葉は普段から意識しておかないと、誰もが思わず使ってしまうので要注意です。特に、お客様に依頼するシーンで使ってしまう人が少なくありません。例えば、次のとおりです。

アウトな対応例

「お客様、レシートをお持ちいただかないと、商品の交換・返品はできないです」

この短い表現のなかで、否定の言葉を2回も使っています。とても後ろ向きの表現で、お客様を嫌な気持ちにさせてしまいます。返品や交換などの作業が自分たちにとって手間のかかる仕事だと考えてしまうと、このような後ろ向きの言葉を使ってしまいます。

このような表現をしなければいけないシーンでは、「**～すると、～できます**」という言い回しに変換してみて下さい。

OK対応例

「レシートをお持ちいただくと、商品の交換・返品の対応をさせていただきます。本日はお持ちでしょうか?」

実は、お客様に伝えたい内容は、先ほどのアウトな対応例とまったく同じなのです。結論は変わらないのに、随分と印象が変わります。

私の体験談ですが、講演会場だった市民ホールの職員の方に、「講演でホワイトボードを利用したいのですが、お借りできますか?」と尋ねたところ、「私は担当ではないので、調べてみないとわからないです」と無表情で「**三重否定**」の言葉を、しかも事務的に言われたことがあります。これでもかと、否定の三連発をくらってしまい、唖然としましたが、講演は何とか全力でやり抜きました（笑）。

クレーム対応に限らず、仕事では常にお客様に対して感謝の気持ちを持つことを意識しましょう。お客様のお困り事を解決して差し上げるのが仕事の原点です。目の前のお客様のために何かできることはないだろうか、という姿勢を持たないと仕事はうまくいきません。

「お客様に何をすれば嬉しく感じてもらえるか？」「どんな言葉を使えば良い気分になるだろうか？」という思考をめぐらせて、目の前のお客様に向き合って下さい。

ここがPOINT

× 言い訳をしたり、自分たちを正当化したりする。否定的な言葉を使う

○ クレームを受け入れる。前向きな言葉を使う

☑ クレーム対応に勝ち負けはいらない。自分たちの主張をしすぎない

☑ お客様を理解しようとする姿勢を持って、前向きな言葉を使おう！

とにかく会いに行けば誠意が伝わると思っていた

ひと昔前は、クレームが起きたら、まずお客様のご自宅に菓子折りをもってお詫びに伺う。これがクレームの正しい初期対応で、その迅速な対応こそがお客様に誠意として伝わる、と常識のように言われていました。

実は、私も少し前に流行したテレビドラマのフレーズ「事件は現場で起きている！」というノリで、そうしていました。

でも途中で気づきました。この対応はむしろ危険な対応だと……。

まず何よりもお客様の元へ、現場に向かうのが誠意だという考え方を頭から否定するつもりはありません。ただ、クレーム対応は「会えば何とかなる」、そんな簡単なものではないということです。

クレーム対応は、お客様の話をしっかり聴いて、現場の状況を確認してからでないと、クレームが発生した原因はわかりません。それなのに、状況をきちんと確認しないで何の解決策も持たずにお客様の元に伺うのは、いわば「子供のお使い」と同じです。

「いいから家に謝りに来い！」というお怒りの様子のお客様にかぎって、**「何の解決策も**

持たずに来やがって。アンタは子供のお使いじゃないぞ！」とやっぱり怒るのです。

「早く来いって（アンタが）言うから来たのに……（私の心の声）」

特に、お客様に会うことを最優先にしてしまうと、責任者であっても現場のことを知らない人間や、商品知識のない人間がお客様に会ってても「そんなことも知らないで、アンタのどこが責任者なんだ！　ちゃんとした人間をこっちに寄こせ!!」と罵倒されてしまい、一従業員が起こした小さなトラブルが、「この会社は大丈夫か!?」という組織への不信感に変わることが少なくありません。かと言って、お客様から「すぐに謝りに来い」と言われたときにどう切り返せばよいか困りますよね。ここでは、まず、そう言われた場合のアウトな対応例を1つ取り上げたいと思います。

アウトな対応例〈電話対応のケース〉

お客様　「今からすぐに謝りに来い！」

対応者　**「もう夜の10時を過ぎておりますので、残念ながらお伺いすることはできかねます」**

お客様　「無責任だな！　すぐに謝りに来ることが誠意じゃないのか!!」

このような切り返しでは、謝りに来るのか、来ないのかでモメます。本来解決しないといけない問題の手前での議論になってしまい、時間と労力をとても消耗してしまうことは、皆さんも容易に想像できると思います。

もし、「今からすぐに来い！」とお客様から怒鳴られたとしても、私は訪問が翌日になっても構わないと考えています。すぐ謝りに行くことより、まずお客様からのクレーム内容を把握し、事実やお客様の要望の確認をしっかりすることを優先して下さい。状況が把握できれば、自然に解決策も提示できるようになります。

私の経験上、激怒されているお客様には当日よりも次の日に訪問したほうが、そのお客様が冷静にお話しされる場合がほとんどです。特に、深夜のお酒の入ったお客様のクレームに対しては尚更、すぐにお客様の自宅を訪問するのは避けるのが賢明です。まずは電話で、クレームの内容を把握して状況を確認するということを徹底して下さい。

正直に申し上げますと、**クレーム対応はお客様に直接会って話をしなくても電話で解決できれば、それで良い**と思っています。そのほうがスピード対応をすることができて、早く問題を解決できるケースが少なくないからです。

お客様の時間を奪わないためにも、現場（お客様の自宅）に行くことが誠意だと考えてはいけません。また、誠意をアピールしようとしてもいけません。誠意とは、お客様の問題、お困り事を解決しようとする姿勢です。

もっと言えば、**電話対応がクレーム対応のなかで一番ハードルが低い、最も簡単な対応法**だと考えています。電話でのクレーム対応は、声の情報だけのやりとりになるので、感情が伝わりやすいのです。

電話による対応だけでクレームが収まるのが、実は一番多いのです。

一方、お客様に直接会う場合、お客様も対応者もお互いに余計な情報が目に入ってくるので、例えば、次のように容姿や表情など、見た目で相手を判断することもあります。

「アンタみたいな若い担当者が来ても責任が取れるのか！　俺をナメやがって‼」

「何の解決もしてないのに菓子折りを持ってきて、これで済まそうとするつもりか！」

これらは、実際に謝罪で出向いた会社の担当者が、お客様から言われた言葉です。

さらに、次のように、対応者の外見的な問題で、お客様が対応者に対して嫌悪感を抱くこともあります。

「（担当者の服装が）だらしがない。本当に悪いと思っているのか！」

「何だコイツ！　謝罪の気持ちが表情からまったく伝わってこない……」

そうなのです。良かれと思ってお客様に会いに行ったことで、かえってお客様を怒らせてしまうケースが少なくないのです。

最近、ある保険会社から相談を受けた案件でも、まずお客様のご自宅に向かうのが誠意だと考えて訪問した保険の営業マンがさらにクレームを受けました。その内容は、「自宅にまで無断で押しかけてこられて、これは不法侵入だ！」と弁護士を通じて連絡が入ったようです。息苦しい世の中になったものだと正直思いましたが、「家に押しかけられた」「プライバシーの侵害だ」とお客様に思われては、クレーム対応以前の問題になりますので、注意すべき点だと思います。

お客様に会いに行く前に状況を確認する。そして会いに行くベストなタイミングを見極める。会いに行く場合には、クレーム対応を確実に収束させるための段取りを事前に整えることをおススメします。この点を踏まえた電話対応例を2つ挙げておきます。

OK対応例1〈電話対応のケース〉

お客様　「今からすぐに謝りに来い！」

対応者　**「大変お手数をおかけしており申し訳ございません。宜しければ、どのようなことがあったのかをお伺いさせていただけませんでしょうか。しっかり状況を確認したうえで、当社としてどう対応させていただくかを回答させていただきた**

く存じます」

このようにすれば、電話で状況が確認できます。さらに、お客様からの話を聴いて、電話だけで解決することができるかもしれません。

別のやり方として、「今すぐ来い」と言われても、次の例のように、状況を把握しないで出向くことのデメリットを伝えながら、お客様から話を聴いて、訪問する日時の約束をする方法もあります。

OK対応例2〈電話対応のケース〉

お客様　「今からすぐに謝りに来い！」

対応者　**「大変恐縮でございます。状況を把握しないまま、お客様のところにお伺いするのは大変失礼なことだと考えておりますので、まずお話を聴かせていただけませんでしょうか。そのうえで然るべき部署に確認を取り、明日の午後以降にお客様の元にお伺いしたく存じます」**

まず、電話で話をしっかり聴くことでお客様に冷静になってもらう。会いに行くのはそれからでも大丈夫です。

事実確認をしたうえで、然るべき解決策を持ってお客様のところへ行くという「**2段階方式の対応**」を実践してみて下さい。

また、メールでお客様から「家に謝りに来い！」と書かれた内容のメッセージが届いた場合も同じです。まずメールで、ご不便をおかけしていることについてお詫びし、「電話で状況を確認したい」という内容の文面で返信し、了解が得られてから電話で状況を確認した後に、相手先を訪問することになります。つまり、「**3段階方式の対応**」となります。

事実、この3段階方式の対応を採用しているウェブ通販会社があります。ただ、そのような会社の方から教えていただいた話によると、実際のクレーム対応では、メールと電話の2段階までで、お客様に会わずに、クレームが解決するケースが多いとのことです。

私のクライアントであるガスのメンテナンス会社では、真夜中に「ガスの火がつかない！不良品だ。今から修理に来い!!」とクレームを言われることがよくあるそうです。

そのとき、「深夜のメンテナンス対応はやっていません」とバッサリ返答するのではなく、電話でお客様から話をしっかり聴くようにすると、お客様のガス機器の使い方がマズいことがわかり、それを丁寧に説明することによって、電話だけでクレームが解決するケースが少なくないようです。

ここがPOINT

× すぐ会いに行くことが誠意だ
○ 状況を確認して、事前に原因の説明や解決策に関する準備をしっかりしてから、お客様に会いに行くのでも遅くはない

☑ 事実をしっかり確認し、「お客様はどうしてほしいのか」という要望を確認する
☑ 「どこまで対応するか」を決めてから、お客様に会ったほうが誠意は伝わる！

スピード対応を重視して解決策をすぐに出していた

インターネット上のクレーム対応に関する記事中に、「迅速に解決策を提示するのがクレーム対応の必須条件」とよく書かれています。これについて私は賛成しません。

クレーム対応は企業にとって最優先事項であり、迅速に対応すること自体にはもちろん異論はありませんが、**早く解決策を出すことを最優先と考えるのはむしろ危険**です。

クレームを早く解決しようとするのは、そのクレームを早く終わらせようと考えているためです。もっと言えば、そのトラブルから自分が早く解放されたい、という気持ちが強いのです。お客様の問題ではなく、自分の都合であり、クレームを早く終わらせることで、自分が楽になりたいだけなのです。

●早く終わらせようとすると、クレームはこじれる

実は、私も昔は、早く自分が楽になりたいと思って、次のように対応していました。

アウトな対応例

お客様「こんな不良品を売っておいて、一体どうするつもり！」

対応者　**「はい、すぐにご返金します！」**

お客様　「はぁ？　金を返せば済む問題か！」

そう、恥ずかしながら、お金で解決しようとしていたのです。

ここまで読んでいただいた皆さんなら、もうおわかりかと思いますが、お金で解決しようとしては絶対いけません。

お客様はお金を返してほしいからクレームを言っているわけではありません。ほとんどのお客様は、自分のイライラした気持ちを受け止めてほしいと思っているのです。商品やサービスの不具合にガッカリされているのです。

私はそんなことも理解できず、お金を返すことでクレームを早く終わらせようとしていました。さらに、お客様からの「金を返せば済む問題か！」という言葉に対しても、お金を返すのにまだ怒っている変なヤツだと決めつけていました。

変なヤツはお客様ではなく、むしろお客様の気持ちをわかろうとしない、私のほうだったのです。今考えれば、大変お恥ずかしい話です。

話は変わりますが、出張中に使用していたスマートフォン（スマホ）の画面が突然動かなくなり、すぐに最寄りの携帯電話のショップに駆け込んだことがありました。窓口の女性に「原因はすぐにはわかりませんので、修理で宜しいですか？」と事務的に淡々と言われました。

悪い対応とは言いませんが、私にはショップに駆け込んだ理由がありました。確かに修理してもらって使えるようにしてほしかったのですが、それ以上に今、スマホが使えなくて取引先へ電話をすることができなくて困っていたのです。取引先の電話番号はスマホにしか登録していなかったので、公衆電話を使って電話をすることもできず焦っていたのです。そのような事情があるのに、何も理解してくれようとしない事務的な対応に少なからずガッカリした記憶が強く残っています。

お金を返すのと同じで、早く許してもらおうとする対応者の口癖として、「二度と同じことがないよう再発防止に努めます」という再発防止を提示する言葉があります。

しかも、実際のところ、具体的な再発防止策を何ら立てていない状況にもかかわらず、また根拠もなく口約束をする人がいます。でも、その場合、お客様から次のように揚げ足を取られかねません。

「じゃあ、今後同じことが起こったら、あなたはどう責任を取るの？」

「再発防止策を文書にして提出しろ！」

このように、**クレーム対応の解決の急ぎすぎは逆効果**です。

揚げ足を取るようなお客様は、嫌な性格の人ではありません。対応者がクレームから早く解放されたいという、不誠実な対応に腹を立てているのです。お客様は「そんな考え方は許さない」と考えて、対応者の不誠実な姿勢にクレームの矛先を向けているのです。

私は、**クレームの再発防止が一番難しい**と考えています。

仕事のやり方を変えることができても、残念ながら同じことは起こります。どんなに注意していても、同じ失敗が繰り返される可能性は「ゼロ」ではないのです。


「釣銭を絶対に間違えない」

「料理の提供を早くする」

「傷んだ商品を出さない」

「清掃を完璧にする」

「30分以上、お客様をお待たせしない」


このようなことを今日からすぐに実行することはできますか？

同じことを絶対しないと言えますか？

完璧に再発を防止することができますか？

再発防止のためには原因を突き止め、その原因を解消する改善の仕組みをつくる必要があります。その仕組みをつくるには、ある程度の時間が必要になります。

その場を早く収めたいからといって、再発防止を軽々しく口にするのは現実から逃げているのと一緒です。お客様に対する誠意がまったく感じられません。それは、かなり高い確率でお客様に見透かされてしまいます。

また、再発防止は未来の話です。お客様にとって重要なのは「今」です。このお客様の事情をしっかりと理解してもらいたいのです。未来の話は二の次です。この点を意識すると、次の例のような対応になります。

ＯＫ対応例

お客様　「こんな不良品を売っておいて、一体どうするつもり！」

対応者　**「せっかくお買い上げいただきました商品に不備があったようで、申し訳ございません」**

お客様　「困るよ。使うのを楽しみにしていたのに！」

対応者　**「はい。お楽しみいただけず、私どもとしても大変恐縮しております。商品のお取替えということで宜しいでしょうか？」**

お客様「うん、そうしてくれる？」

対応者「**ご不便をおかけしまして、誠に恐れ入ります。こちらにお掛けいただき、3分ほどお待ち下さい**」

クレーム対応では、お客様がクレームを言ってきた事情を理解しないで解決策を示すと、お客様はもっと怒ります。順序が逆なのです。

お客様から話をしっかり聴いて状況を確認してから解決策を提示し、その後、時間をかけて再発防止に向けてどうするのかを考えます。

ここがPOINT

× 解決策をすぐに出す

○ お客様がクレームを言ってきた事情を確認してから解決策を出す

☑ クレーム対応を効率良くやろうとしない

☑ 「早く解放されたい」と思うと、クレームはこじれる！

ボキャブラリーが決定的に不足していた

お恥ずかしい話ですが、お客様相談室に勤務し始めたころの私は、クレーム対応に使う「語彙力《ごいりょく》」を持ち合わせていませんでした。お客様から怒られると、頭が真っ白になって何と言ってよいのかわからず、お客様をさらに怒らせてしまうことがよくありました。

本書で紹介することも最後の最後まで悩みましたが、私には思い出しただけでも恥ずかしい、むしろ思い出したくもない、最もお客さんを怒らせた言葉があります。

超NG
ワード

「なんか、すみません」

クレーム対応をテーマにして描かれ、宮藤官九郎さんの脚本で話題になった『謝罪の王様』という映画があります。クレーム対応の専門家としては見逃すことはできないと思って映画館に観に行きました。

劇中、女優の井上真央さん演じる帰国子女が運転するクルマがこともあろうに、暴力団のクルマにぶつかって傷をつけてしまいました。その後、暴力団の怖いオジさんたちにすごまれるなか、井上真央さんがとりあえず言ったセリフが「なんか、すみません」でした。当然ですが、クルマを傷つけられた暴力団の面々は激高して大きなトラブルに発展するというシーンです。

この場面、映画館のほかのお客さんはみんな爆笑していました。しかし、私一人だけは笑えませんでした。

いきなりクレームを言われると、クレームに不慣れな人はパニックになります。何と言ってよいのか、頭の中が混乱してしまいます。だからこそ、ボキャブラリー（語彙）を増やしておく必要があります。

クレーム対応に語彙力は必須です。

突然ですが、読者のあなたに質問です。

あなたは「**お詫びの言葉**」をどれだけ知っていますか？

「申し訳ございません」「すみません」「ごめんなさい」以外でお考え下さい。

どうでしょうか？　お詫びの言葉をいくつ出すことができましたか？

私、谷厚志のおススメの「**お詫びの場面で使える言葉25**」を紹介しましょう（次ページの表を参照）。

◎谷厚志おススメの「お詫びの場面で使える言葉25」◎

お詫び申し上げます。
誤りがございました。
肝に銘じてまいります。
恐縮するばかりです。
反省する点が多いと気づきました。
お恥ずかしい限りです。
粗相がございました。
勉強不足でした。
まったく私どもの認識不足でした。
そこまで考えが及びませんでした。
私どもに手違いがございました。
返す言葉もございません。
お詫びの言葉もございません。
ご不便をおかけしました。
お手数をおかけしました。
あってはならないことでした。
大変失礼しました。
心苦しい限りです。
至りませんで……。
努力が足りませんでした。
私どもに不注意がございました。
何と申し上げて良いのやら……。
非礼をお詫びいたします。
弁解の余地もございません。
猛省しております。

クレーム対応は、人と人とのコミュニケーションです。どんな言葉を使って、相手と心を通わせるのか。

そのためには、クレーム対応に必要な語彙力を普段から研究し、磨いておくことが大切です。

当時の私の語彙力が不足していたのは、やはりクレームを嫌なもの、面倒なものだと考えていて、努力を怠っていたからでしょう。クレーム対応という仕事に誇りを持てていなかったのだと思います。社会人としての自覚や、サービスを提供している企業に勤めているビジネスマンとしてのプロ意識もなかったのかもしれません。

クレーム対応の技法を学び、習得してお客様の心を癒そう、少しでも怒りを笑顔に変えようという情熱がなかったとも言えます。

クレーム対応に必要なボキャブラリーは、お詫びの言葉だけではありません。お客様にお願い事をするときや、お客様のご要望に応えられないときに添えるだけで印象が変わる「**クッション言葉**」があります。この言葉も状況に応じて効果的に使いこなせるようになってもらいたいと思います。

私がお客様相談室時代に重宝していた「クッション言葉」は次のとおりです。ぜひ、活用して下さい。

●お願いするときの「クッション言葉」

（次の言葉を添えれば、気づかいの気持ちを表すことができます）

「恐れ入りますが、……」
「お忙しいところ恐縮ですが、……」
「大変お手数をおかけしますが、……」
「厚かましいお願いではございますが、……」
「お差し支えなければ、……」
「ご相談させていただきたいのですが、……」

●要望に応えられずにお断りするときの「クッション言葉」

（次の言葉を添えれば、理由はどうであれ、残念な気持ちを表すことができます）

「大変申し訳ないのですが、……」「あいにくですが、……」

「お役に立てず残念なのですが、……」

「お力になれず心苦しい限りですが、……」

「しっかり考えさせていただいたのですが、……」

「状況をお汲み取りいただけますと有難いのですが、……」

美味しさや食感を伝える日本語表現は５００以上あると言われていますが、お詫びの言葉やクッション言葉も１００個以上はあります。ぜひとも、語彙力、表現力を磨いて下さい。クレーム対応で使う言葉は、社会人の教養としても身につけておくべきものだと思います。

ここが POINT

× お客様に怒られると、頭が真っ白になって言葉が出てこない

○ 日ごろから語彙力をつける努力をする。お詫びの言葉を事前に用意しておく

☑ どんな言葉を使えば、お客様の心に寄り添えるかを考えて準備する

☑ 語彙力はお客様の怒りを笑顔に変えるための武器になる！

安易に融通を利かせて悪い前例をつくっていた

私はクレーム対応を担当して間もないころに、クレームの電話を受けたとき、感情的になって怒りまくるお客様の要求は受け入れ、その一方で、冷静にお話をされる大人しいお客様には、「貴重なご意見として参考にさせていただきます」と言って、電話をあっさり切っていました。

そうなのです。当時の私のクレーム対応は、いわゆるケースバイケース。言い換えればアバウトな対応で、お客様のお怒り具合によって対応を変えていました。クレーム対応の判断基準や対応の考え方に明確な軸がない、いわばブレブレの対応でした。

また、クレーム対応を進めるうえでの明確なゴールも設定していませんでした。

研修で呼んでいただく企業のクレーム対応事情を確認していてよく気づくことですが、営業・接客対応に関しては、完璧なまでのマニュアルを用意しているにもかかわらず、クレーム対応に関しては、マニュアルをほとんど準備していない企業が多いのが現状です。

先日お邪魔した飲食店チェーンでは、クレーム対応マニュアルを形式上つくってはいたのですが、そのマニュアルでは「不用意に謝ることはせず、店長に至急報告する」としか記載がなく、大変驚きました。

確かに、「クレームは受けたくないもの」「クレーム対応はやりたくないもの」と思うことは理解できます。でも、真の営業力や接客力をアップさせるには、クレーム対応力の向上が大きな鍵を握ります。長年、お客様から支持されているファンの多い会社や店舗は、間違いなくクレーム対応力を備えています。

クレーム対応への苦手意識を取り除くためにも、クレームを言うお客様としっかり向き合うことが大切です。自分の会社や店舗にはどんなクレームが多いのか、どんなときにクレームが発生しているのかを把握し、その対策を準備しておくことはとても重要です。

●クレームの種類は3つある

ここで、私が考えるクレームの種類は、大きく分けて次の３つです。

（１）商品やサービスに関するクレーム
（２）接客とコミュニケーションに関するクレーム
（３）思い込みや勘違いによるクレーム

以下、順に説明していきます。

（1）商品やサービスに関するクレーム

クレームのなかで一番多いのは商品やサービスに関するものです。「商品が違う」「店が汚い」「到着が遅い」「売り切れている」「使いづらい」「すぐ壊れた」――。

商品やサービスのクレームで気をつけておきたいのは、同業他社の商品やサービスと比較して言われるクレームです。人間はどうしても使い勝手の良い商品や快適なサービスを利用するとそれが基準となり、それより劣るサービスに対しては、どうしても不便や不満を持ち、次のようなクレームが発生します。

「なぜ、おたくは無料サンプル品を用意していないのか⁉」
「ホームページがほかの会社より見づらい！」
「おたくは依頼してから仕上がりに時間がかかりすぎる！」

このようなクレームの場合、同業他社と比較されていることになります。これらのお客様からのクレームは、「改善してくれたら次も使うよ」というアドバイスと捉え、クレームを言ってくれたことに感謝の気持ちを持って対応し、改善に着手していきたいものです。

（2）接客とコミュニケーションに関するクレーム

お客様とのやり取りのなかで発生するコミュニケーションエラーが原因で、クレームが発生することもあります。

「対応が良くない！」「不親切だ！」「連絡がない！」「なぜ、約束を守らない！」——。接客に関するクレームでは、お客様のプライドを傷つけてしまったり、お客様の〝自分のことを大事にしてくれなかった〟というネガティブな気持ちが大きく影響したりするので、ハードクレーム（不当な要求などを伴う対応が難しいクレーム）になる傾向があります。

ただ、お客様に嫌な気持ちを与えてしまったことに対して、対応者側がしっかり理解を示せば、お客様は「わかってくれた」と考えてファンになってくれます。

自分たちのほうに非があったのなら、素直にお詫びする。「今回の件は、私の不注意でした。誠に申し訳ございませんでした」としっかり謝れば、お客様から「そんなに気にすることはありません。次はしっかりお願いしますね」と言われ、商品やサービスをまた利用してもらえます。必ず挽回できると考えて、しっかり対応するよう心がけましょう。

（3）思い込みや勘違いによるクレーム

どんなに一生懸命、世の中のために、お客様のために仕事をしても、クレームは「ゼロ」

にはなりません。それは、お客様の思い込みや勘違いからもクレームが起きるからです。その対応方法の詳細は第4章で説明しますが、こうしたケースでも「こちらの対応が十分ではなかった」「お客様への説明が不足していた」というように、自分たちに原因があると考えていただきたいのです。自分たちのほうに、もう少し配慮があれば良かったと考えるべきです。

そういった思い込みや勘違いで起きるクレームを未然に防ぐ意味でも、自社のホームページで、「お客様からよくあるお問い合わせ」などの情報を積極的に発信している企業が最近はどんどん増えています。

私がいつも感心している企業の1つは**カルビー**です。カルビーのホームページはすごく面白いです。特に、「改善　お客様の声に学びました」や「相談室だより」の欄には、クレーム対応に携わる人が学ぶべき情報がたくさん盛り込まれています。

例えば、「ポテトチップスのり塩パンチ」という商品に対して、辛い味が苦手なお客様から「とうがらしが入っていることに気づかずに買ってしまった！」という声が届いたようです。そこで、対応策として「袋の表面に写真付きで『とうがらし』が入っていることを記載しました！」と、改善した情報をホームページ上で発信しているのです。

また、カルビーのホームページの「よくいただくご質問」欄も、お客様視点に立って親切に情報を発信しており、まさしく顧客第一主義の超一流企業だと思います。

ホームページを見るだけでも何か温かい気持ちになれます。

●クレーム対応のシナリオをつくる

先ほど取り上げた映画『謝罪の王様』では、全編にわたってクレーム・トラブル対応についで面白おかしく、エンターテインメントストーリーが展開されていましたが、クレーム対応の専門家として私が思わず唸ったシーンがありました。

それは、主演俳優の阿部サダヲさんが演じる東京謝罪センター所長の黒島譲氏のトラブル対応のゴールがブレないところです。彼は、メチャクチャ怒っている相手にも必ず謝罪を受け入れてもらうことをゴールにしていました。

お客様のお怒り具合に合わせた謝罪をするときの体の角度から表情などまで、すべてが徹底して準備し尽くされているのです。そのなかで一番印象に残った黒島氏のセリフがあります。

「怒っている相手から、あなたのことを120%許さないと言われたのなら、こちらは150%の謝罪をするまでだ!」

黒島氏は、クレーム対応に対して明確なゴールを設定し、その後、お客様に謝罪を受け入れてもらうために、徹底的なプロの仕事をやってみせます。

お客様相談室に異動して間もないころの私は、クレーム対応にあたって明確なゴールを設定することなく、安易に融通を利かせて悪い前例をつくってしまうことばかりでした。

お客様の怒りに押され、過大な要求や少し理不尽な要求に対して「必ずやります」と言って、実行できないことを軽々しく約束してしまうこともありました。

クレーム対応は、お客様から至急の回答を求められても、すぐに返答しなくても大丈夫です。

「お客様、しっかり確認を取りますので、○時までお時間を下さい。私からお約束した時間にお電話を差し上げます」と伝える方法を選択して下さい。

私がそうだったように、早く処理してしまいたいと考えて、その場限りの対応をしてしまえば、確かに自分は逃れられるかもしれませんが、組織のほかの人に迷惑をかけてしまうことになります。


「この間の対応者はこうやってくれた」

「ほかの部署の人はこう言っていた」

「近所の人から○○のような対応をしてもらったと聞いているけど、なぜ私にはできない！」

このように言われて、最初に伝えた対応から内容を変更してしまうと、お客様は「あなたは信用できない！」と、さらにお怒りになるでしょう。

冷静なお客様と、感情を爆発させるお客様とで対応を変えたり、ゴネるお客様に手厚く対応したりするなど、対応を変えてはいけません。

やることは1つ。**軸からブレないクレーム対応を徹底**することです。

特定のお客様だけに安易に融通を利かせてしまうことは、それ以外のお客様に失礼です。

この点について、経営者や管理者の方々には、どんなお客様に対しても同じように対応するために、組織としてどう取り組むべきかのルールづくりをおススメします。

ここが POINT

× 「今回はどう乗り切ろうか」と、その場限りの対応をする

○ クレーム対応は長い目で見て、組織として今後どうしていくかを考える良い機会と捉える

☑ お客様によって対応を変えない

☑ どんなクレームがあるのかを把握して、しっかり準備をしておこう！

すぐに「できない」と言ってしまっていた

先ほどの融通を利かせるとは逆に、できないことには「できない」とすぐに言ってしまう。「それは無理ですね」と平然と言って、お客様の怒りを大きくしたこともあります。

笑顔で商品を買ってくれたり、サービスを利用してくれるお客様にはニコニコと笑顔で対応するのに、細かい要望などイレギュラーな対応が必要なお願い事をしてくるお客様には事務的な対応をして、そのお客様を怒らせたことがあります。

「できない」「それは無理ですね」とすぐに言ってしまう場合に共通して言えることは、対応者が「面倒臭いな」と思っていることです。

このような対応では、お客様と信頼関係を築けるはずがありません。アウト（NG）な対応例を挙げておきましょう。

アウトな対応例

お客様　「商品の発送、1日ぐらい早くできないの？」

私　**「それはできないですね」**

お客様　「何だ、その言い方は！　ほかの言い方もできるだろう!!」

お客様のほうも、「強引にやれ」と命令をしているわけではありません。「こうしてくれると助かるなぁ」という軽い気持ちで、お申し出になることが少なくないのです。それに対して、検討もせずにすぐ「無理です」と即答してしまっては、お客様に嫌な気持ちを与えるだけです。

お客様と少しでも良い関係を築くためには、やれることをしっかりやるのは当然ですが、仮にできないことがあっても一方的に拒絶するのではなく、できない理由を丁寧に説明する姿勢が必要です。

私には、お気に入りの革靴ブランドがあります。仕事用の5足すべてがそのブランドの靴です。月曜日から金曜日までの5日間、ローテーションをしながら何年も履き続けている、とても愛着のある革靴です。

ある夏のお盆の時期に1週間の休暇が取れたので、そのタイミングで革靴のメンテナンスと踵《かかと》部分の交換をしたいと思って、メチャクチャ重かったのですが、5足全部をそのブランドの直営店に持ち込みました。

そのとき、若い従業員の方が対応してくれたのですが、この方からすぐに「本日のお持ち込みですと、お渡しは2週間後になります」と事務的に言われて唖然としました。

自宅の近くにある靴の修理屋さんに持ち込むと、1足に対して30分ぐらいで修理できるのに……。

「どうして、そんな2週間もかかるのですか?」と聞いたところ、この若い従業員の方が私に言い放ったことは、「会社で決まっていますので」……。

この言い方には、とても腹が立ちました。私は少し感情的なトーンで、「いつも使っているのですけど……、何ですか、その対応は！」と恥ずかしながら、思わず語気を強めてしまいました。

この私の態度に慌てた従業員の方は、「上司に確認します」とだけ言い残して店の奥へ逃げるように消えていきました。それから2~3分ほど待たされた後、店長らしき男性が慌てて出てきました。

彼は頭を下げながら申し訳なさそうな表情で、「谷様ですね。いつもありがとうございます。私どもに失礼な対応があり、大変申し訳ございません」としっかり謝罪をしてくれて、私の話を聴いた後、修理に2週間かかる理由を丁寧に説明してくれました。

このブランドの直営店では、自社の生産工場で革靴職人が1足の修理に対して徹底した対応をするという、こだわりを持っていて、それをウリの1つにしているのだということ。

靴の踵部分を交換した後、革を長持ちさせるための手入れのサービスも必ず行なうので時間がかかるということ。普段でも1週間はかかり、お盆の時期には生産工場が休業しているこどもあって、修理と手入れに2週間程度要してしまうとのことでした。この事情を聴いて、私は「最初からそう説明してくれたら腹が立たないのに……」、そう思いました。

また、革靴は1週間以内に必要だと店側に伝えていたので、この店長らしき男性は、「別の場所に修理工房を隣接している店舗があるので、そちらにお送りすれば間に合うかもしれないので確認してみましょうか」と提案してくれました。

さらに、「5足も持ち込んでいただき、いつもご愛顧いただだいているのですね。暑い中、お越しいただきましたのにお時間まで頂戴してしまい申し訳ございません」と、素晴らしい「**気づかいの言葉**」を投げかけてくれました。

私がクレームを言ったから、このような対応をしたのではなく、私から話をしっかり聴いて状況を理解したうえで説明をして、自分たちができることを考えて提案してくれたのです。あの若い従業員の方とはあまりに違う対応に、私の怒りは笑顔になりました。むしろ「30分でできる」と簡単に考えていた私のほうが恥ずかしい気持ちになったほどです。

それより何より、この店長らしき男性の対応に、感動と感謝の気持ちでいっぱいになりました。それと同時に、このような対応ができる、この革靴ブランドの靴を使っていることが嬉しくなって、さらにこのブランドが好きになりました。

この例の店長らしき男性のような対応法を身につけていただくために、良い対応例を1つ挙げておきます。

ＯＫ対応例

お客様「商品の発送、1日ぐらい早くできないの？」

私**「1日でも早くということですよね。そうできれば良かったのですが、発送が混み合っており、お申込みの順番に作業を進めてございます。今回はご期待に応えられず申し訳ございません。ただ、当日の午前中にお届けするように段取りしてみますが、いかがでしょうか」**

お客様「そうしてもらえると助かるよ」

このように言い方ひとつで、お客様に与える印象が随分変わります。

昔の私は、すぐに「できない」と言って拒絶していましたが、今考えると、できないのではなく、やろうとしなかったのかもしれないと反省しています。「面倒なことはやりたくない」と考えて事務的な対応をしていたのです。

仮にできないのなら、なぜできないのかという根拠を誠実な態度でお客様に説明することはできたはずです。

企業は組織が大きくなると、「お客様第一」と言いながら、顧客視点が持てなくなっていくような気がします。自分たちのルールをお客様に押し付けて、お客様を怒らせてしまうケースが少なくないと思います。

仕事の軸は、自分たちのところではなく、常にお客様サイドにあるものと考えるようにしましょう。

ここがPOINT

× すぐに「できない」と言ってしまう

○ できないなら、できない理由をしっかり伝える

☑ お客様のご要望を叶えることができなくても、お客様から「クレームを言って良かった」「今回は思いどおりにならなかったけれど、この会社の誠意は伝わった。また使ってやるか」と思ってもらえる対応はできる!

クレームに対して感情的になっていた

正直に言うと、以前の私は、お客様の次のような言葉に腹を立てていました。


「普通はこうでしょ！」

「これくらい常識よ！」

「なんで当たり前のことができないの！」


これらは、私がいつも感情的になっていた「3大『腹の立つ』セリフ」です（笑）。

でも気づきました。このようなクレームに対して、なぜ感情的になってしまうのか？

それは、「アンタ（お客様）が言っていることは間違っている」と思っていたからです。

つまり、お客様から言われる「普通はこうでしょ！」の〝普通〟は、私の考える普通と違っていて、そのことに腹を立てていたのです。

クレーム対応の本質的なところがわかるようになってきて、お客様と自分の価値観や常識の違いに腹を立てていることに気づきました。

インターネットのツイッター（Twitter）で、通販で雑貨を購入したお客様の「商品の送料が高かった！」というツイートを見た通販会社の人間が腹を立てて、お客様を非難する返信をして炎上したケースがありました。

自分は一生懸命仕事をしているのに、自分たちの努力や工夫したことに対してクレームを言われると、つい感情的になってしまうことがあります。「あなたの言っていることは間違っている」「こちらのことを何もわかってない」などと思うと悲しい気持ちになるので、言い返したくなる気持ちもわかります。

ココだけの話、私も感情的になってお客様にたくさん言い返していました。

次のように、お客様の挑発に乗ってしまったことさえあります。情けない対応でした。

アウトな対応例

お客様「おたくらのせいで旅行が台無しになった。今からクレームを言いに行く。新幹線代を出せ！」

私「**そんなこと、できるわけがないですよね。来るなら自腹で来て下さい！**」

お客様「何だ、その言い方は！　新幹線代ぐらい普通出すだろ。お前ではダメだ！　上の者を出せ!!」

このアウトな対応で、事態が余計にややこしくなりました。

これでは、本来解決すべき問題である「なぜ、旅行が台無しになったのか」という核心の部分について何も聴き出せません。

それなのに、私は、なんて理不尽なことを言うお客様だと、決めつけて腹を立てていました。このお客様の言っている「普通はこうだ」の〝普通〟と自分の〝普通〟が大きく食い違っていたために、常識がまったくない、そんなことを言うのはアンタだけだよ、と感情的になっていました。

このような感情的なダメ対応をしてしまっていたため、毎度のように直属の上司に対応のフォローをお願いする失態を繰り返していたのです。

では、どうすれば良かったのでしょうか。私が感情的になってしまった最大の原因は、やはり自分の価値観や常識だけでクレーム対応をしていたことだと思います。自分の物差しでしか物事を捉えていないことがクレームを大きくしてしまっていたのです。

必要なことは、自分がそうは思わなくても、**「そうか！　このように考える人もいるのかな」**という柔軟な考え方を持つことです。

相手と自分の価値観や常識の違いを受け入れる寛容の精神がないと、冷静さを保つことはできません。

私の研修先のドラッグストアでは、レジでお客様に「ポイントカードをお持ちですか？」と聞くと、「そんなものは持ってない！　イチイチ聞いてくるな！」と怒る年輩の男性のお客様や、「ポイントカードを持っているから来ているのよ。持っていなかったらわざわざ来ないわよ！」と怒る若い女性のお客様がいるそうです。

どちらにしても怒られるようです。日本は成熟社会になり価値観が様々で同じことを言っても、人それぞれ感じ方は異なります。それを理解しないで、イチイチ腹を立てていても仕方がありません。

ちなみに、このドラッグストアでは「当店のポイントカードをお持ちでしたらご提示をお願いします」と爽やかに笑顔で伝えるようにしてから、クレームが激減した模様です。

取引先のフィットネスクラブのスタッフから聞いた話なのですが、あるお客様から、会員カード番号の４６４９という数字の縁起が悪いので変更してほしい、という要望があったそうです。

確かに下２桁の４と９は少し縁起が悪いのかもしれませんが、「ヨロシク《4649》」みたいでちょっと人に自慢したくなる、得した気持ちになるのは私だけでしょうか（笑）。

このように、同じものを見ても、人によって感じ方が違うことを忘れないで下さい。

常識というのは正解ではなくて、単純に多くの人がそうだと信じている程度のものにすぎません。自分の常識や価値観を物差しにして、クレーム対応をしてはいけません。

先ほどの私のアウトな対応例で言えば、「このお客様は、遠方からわざわざ新幹線に乗ってでも、ウチの会社に来て言いたいことがあるのだな。それぐらいものすごく腹が立つことがあったのだな」と考えて、次の例のように、お客様の気持ちを一度受け入れてみるという対応を心がけるべきだったのです。

OK対応例

お客様　「おたくらのせいで旅行が台無しになった。今からクレームを言いに行く。新幹線代を出せ！」

対応者　**「どのようなことがございましたか？　私、責任者の○○と申します。お話を聴かせていただけませんでしょうか？」**

私の代わりに対応した上司が、お客様の「新幹線代を出せ！」という言葉には触れずに「どのようなことがございましたか」と聴く姿勢を見せて対応したところ、そのご旅行はお客様がご両親への日ごろの感謝の気持ちを込めてプレゼントされたものだったことが判明しました。

また、インターネットでの口コミ投稿の評価がとても良かった旅館をお選びになったようです。でも実際は、口コミ評価とは程遠い旅館の不誠実な対応があり、ご両親はガッカリされたそうです。それで、「両親に嫌な気持ちを与えてしまった」「この悔しさを理解してほしかった」という怒りの感情が沸き上がった——、これがクレームの原因でした。にもかかわらず、私が自分の価値観や常識だけで判断し、しかも感情的な対応をしたために、お客様をさらに悲しい気持ちにさせてしまいました。今でも猛反省している大失敗の例です。

ここがPOINT

× お客様の言葉に感情的になる

○ 自分の価値観や常識だけで仕事をしない

☑ 自分とは違う相手の価値観や常識を受け入れられる寛容の精神を持とう！

クレームを言われるとすぐに凹んでいた

「バカヤロー」「コノヤロー」——。

このような暴言を吐かれてクレームを言われると、よく落ち込んでいました。お客様相談室に配属された初日は、心が折れそうになりました。でも、すぐに気づきました。

「イチイチ落ち込んでいても仕方がない」

お客様相談室に配属になったとき、私は結婚1年目でした。妻も最初の子供を身ごもっており、数か月後に生まれてくるという状況でした。新しい家族もできるという状況に、自分はここで心を枯らして倒れるわけにはいかない、という思いがありました。

お客様相談室で仕事をしていると、当然ながら、毎日クレームと向き合うことになります。幸か不幸か、私には落ち込んでいる暇がなかったのかもしれません。それは別にクレームを受けすぎて、神経が麻痺していたわけではありません。

落ち込むことに何の意味があるのか？　途中でそう考え方を変えて、自分の人生を他人や環境に左右されないようにしようと決心したのです。

「現実をどう捉えるのか？」「どう解釈するのか？」を考え抜くことが、とても重要だと気づいたのです。

まさに、「人生とは感情のゲーム」だと思います。

それからは、クレーム対応の仕事自体の見方が変わりました。

毎日、クレームを受ける仕事だからこそ、落ち込んだり、恐怖心を持ったりしないためにどうすればよいか？

それを考え続けた結果、たどり着いた答えは、「**クレーム対応の仕事は自分の経験知が増えて、他人に話せるネタも増える**」というものです。

クレーム対応をしていると、人にはできない体験ができます。怒っているお客様を対応していると確かに辛いことが結構ありますが、後で振り返ると面白い話、元タレントの私の場合は自分が他人に話せる面白ネタが増えると、私は解釈したのです。

自分が置かれた状況のなかで、自分が果たすべき仕事の意義を見つけることができたのです。そして、本当に他人に話せるネタが増えました。

１００回謝るまで許してくれないオジさんクレーマーで、その名も「１００回謝れ！オジさん」というモンスタークレーマー話は、あるテレビ番組で紹介したところ大きな話題になりました（笑）。

また、「お前たちに言いたいことが400億個あるぞ!」と、いろんなところでクレームを言う、通称「ヤクルト乳酸菌オジさん」も鉄板ネタの1つです。「世の中にはこんな人がいるのか」と自分の価値観や常識が広がったのは、クレーム対応の仕事に携わったからこそだと思っています。

この章で公開している私のクレーム対応の失敗談は、まさに自分の話せるネタとなり、有難いことに、この本のコンテンツにもなりました。

ほかにも、他人に話せるネタとしては、間違いなくその筋の方のところに謝りに行ったことがありました。

2時間近くお叱りを受けたところで、ようやくお許しいただけたようで、相手先の一番の親分格の方から「**なんだかんだといろいろ厳しいことを言って、申し訳なかったね。谷さん!**」と言っていただいたのですが、やっと解放される安堵感があったのでしょうか、「お客様、とんでもないです。お気になさらないで下さい」と言いたかったところ、私の口からなぜか出た言葉は「**お客様、お情け無用でございます**」でした(笑)。

まわりの若い衆の方たちに爆笑された恥ずかしい思い出も、今では笑って話せるネタになりました。

私のお客様相談室時代の部下に「共感の女王」と呼ばれる優秀な女性対応者がいました。その彼女があまりにもお客様に感情移入したのでしょうか、「**さようでございましたか**」と言いたかったところを「**さようでござるか**」と礼儀正しいお侍さんのような言葉づかいになって、お客様相談室の全員が吉本新喜劇のようにひっくり返ったこともありました。

お客様相談室時代の忘年会で一番盛り上がるのは、「あのお客さんの対応は大変だった」「こんな失敗をしてとても焦った」といった武勇伝などでした。

クレーム対応を行なっていくなかで、自分の経験知がどんどん増えることによって、確実に話せるネタが増えるのです。クレームで落ち込む必要などないということです。

お客様相談室の上司である担当役員から、「クレームはぜひ、社内で共有して他の部門の仲間に谷さんからクレームの情報と会社が改善すべき点の情報を広めていって下さい」と言われたことによって、クレーム対応という仕事の価値が私の頭の中で明確になりました。そのため、クレーム対応の仕事に誇りを持つことができ、ちょっとやそっとのことでは凹まなくなったのです。

上司に言われたことを実践して社内にクレームの情報を共有するようになってから、社内で他の部門の同僚から「人がやりたくないことを一生懸命している谷君を尊敬している」という言葉をかけてもらったときは、心に灯がついた気がして本当に嬉しかったものです。

当時、様々な企業のお客様相談室にお勤めになっている経験豊富な社外の先輩方とも交流ができ、彼らが口を揃えて教えてくれたことがあります。

それは、**「実は、お客様のほうがクレームを言った後に落ち込んでいることが多い」**というものです。

クレームを言った後、「あんな言い方をすべきではなかった」「自分が大人げなかったかも……」「自分が我慢すれば良かっただけかも……」というように、一時的に感情的になってしまったことをお客様が後悔されているケースが多いのです。

だからこそ、お客様をそんな気持ちにさせないためにも、クレーム対応をしっかりやるようにしなければいけません。

そのために、クレームを受けて心が折れたり、落ち込んだりするのではなく、どうやったら次はうまくできるか、どのようにすればお客様の怒りを笑顔に変えられるのか、常に意識する必要があります。

クレームを受けたときのストレスをカラオケで大声を出して発散しようとしたり、お酒の席で愚痴を言ったりする人がいます。

それでは、ストレスのすべてを解消することはできません。また、クレームを言ってきたお客様の悪口を言ったところで、心のウサが多少晴れるかもしれませんが、根本的な問題は何も解決されません。

クレームを受けたときに生まれたストレスは、そのクレーム対応から何かを学び、それを活かして次のクレーム対応をうまくやることでしか、解消できないのです。仕事のストレスは、仕事でしか解消できないと私はそう考えます。


「弱い者ほど相手を許すことができない。許すということは、強さの証だ」


インド独立の父、マハトマ・ガンジーの言葉です。

超一流と言われるスポーツ選手は、試合に負けた後のインタビューで相手選手を称えて、敬意を表するコメントをしています。

愚痴を言ってストレスを発散すること自体は悪いとは思いませんが、やはり時間のムダだと思います。

特に、市役所や区役所などの行政のお仕事をしている方は、「クレームをアドバイスとは考えられない」「法律で決まったことをしっかりやっているのに、こんなことをどうして言われないといけないのか」と思う方もいるでしょう。

クレームを言われたことに腹を立てたり、後ろばかりを見ていたりしないで、前を向くようにして下さい。自分のためにも早く気持ちを切り替えて、自分の感情をコントロールすることが大切です。

ここがPOINT

× クレームを受けるとすぐに心が折れて、落ち込んでストレスをためてしまう

○ クレーム対応の仕事は、自分の経験知が増え、他人に話せるネタが増える

☑ クレームによるストレスは、クレーム対応がうまくできるようになると解消される

☑ クレーム対応は、人間力を高めることができる価値ある仕事！

第3章

最低限知っておくべき 火消しのルール

～怒りを鎮めるための基本原則～

クレーム対応の「5つのステップ」

ここからは、実際にクレームが起きたらどう対応すればよいのかについて、具体的に解説していきたいと思います。

まず、クレーム対応で失敗しないためには、次ページに示した「**5つのステップ**」を徹底する必要があります。

火消しをするための「つかみ」

第2章でも説明しましたが、クレームが起きたときに最初にやるべきことは、「**お詫びする**」ことです。

「クレーム対応のスタートは謝るようにして下さい」と講演や新規の取引先企業でお伝えすると、今までたくさんの反論とお叱りを受けてきました。クレーム・コンサルタントなのに、お客様からクレームを言われます（笑）。

「えっ！　クレームが起きたら謝るのですか?」「ありえないですよ。私たちの業界では、むやみやたらに謝るものではないというのが常識ですよ」――。

◎クレーム対応の５つのステップ◎

ステップ１	お詫びする
↓	
ステップ２	共感する
↓	
ステップ３	事実確認と要望確認を行なう
↓	
ステップ４	解決策を提示する
↓	
ステップ５	魔法をかける

このようなご指摘に対しては、当然ですが、私は反論しません。「私のやり方が絶対に正しい」とは言い返しません。

でも、私自身が２０００件以上のクレーム対応をやってきて自分で出した答えが「クレーム対応は謝罪から始まるのが最良の方法」なのです。

私自身、最初に謝らない方法と謝る方法を両方試してみて、**クレーム対応は最初に謝ったほうが、お客様の怒りを鎮められる**ことを確信しました。

実際に「クレームで困っています」「クレームを対応した部下がお客様をさらに怒らせます……」といった相談を受けたときに、企業担当者の方に現場での対応のやり方について確認すると、ほとんど共通して、クレーム対応の最初にお詫びの言葉をお客様に投げかけていません。

クレームに対して最初に謝らない企業の方に

は、「クレームは最初に謝る方法を試して下さい」と、いつもアドバイスしています。そうすると、最初はとても抵抗を感じて躊躇される方も少なくないのですが、実際にそれを実践してもらうと必ずと言ってよいくらい口を揃えて、**「クレーム対応は最初に謝ったほうが、すぐに解決しますね！」**とおっしゃいます。

最初に謝ると、どんなメリットがあるのか？

そうです。最初に謝ると、クレーム対応に要する時間が圧倒的に短くなるのです。仮に今まで約1時間かかっていたクレームの案件が5分程度で解決したり、場合によっては最初に謝っただけですぐに許してもらえたりすることもあります。これが現実です。

最初に謝ることにまだ抵抗感がある方に質問です。

自分が実際にトラブルに巻き込まれてクレームを言ったときに最初に謝罪（お詫び）があるのと、ないのとでは、どちらの対応者を信頼しますか？

例えば、遊園地で乗りたいアトラクションがあり、券売機で1万円札を入れたところ、チケットは出てきたのですが、お釣りが戻ってこなかったと仮定します。すぐに遊園地のスタッフに「お釣りが出てこないよ」と伝えて、「そうでしたか、大変ご不便をおかけしまして申し訳ございません」と丁寧に謝られるのと、「調べますので、しばらくお待ち下さい」とだけ言われて、その場を離れていく対応とでは、どちらに良い印象を持つでしょうか？　謝罪もないまま戻ってきたスタッフが、券売機の中を開けてお釣りが出てこないのを調べているのをじっと待たされたりすると、不安な気持ちになりませんか？

クレームを対応する人から、クレームを言う人へ、自分の立場を置き変えてみれば、自ずと答えは出てくると思います。

繰り返します。**クレームが起きたときに必ず最初にするのは「お詫び」**です。対応者がお客様にすぐ謝罪すれば、対応者のクレームを真摯に受け止める姿勢がお客様に伝わり、お客様も自分が相手にとって大切な存在であることを認識できるのです。この安心感をお客様に持たせることが、クレームを大きくしたり、長引かせたりしない秘訣です。

ただし、気をつけていただきたいことがあります。それは、謝り方を間違ってはいけないということです。クレーム対応ならではの謝罪のルールをご存知でしょうか？

クレーム対応には「限定付き謝罪」を使用する

謝罪には大きく分けて2つの方法があります。1つ目は、**「限定付き謝罪」**です。この限定付き謝罪のポイントは、その名のとおり、**限定的・部分的**に謝るということです。この方法が、クレーム対応で使うお詫びのやり方です。

2つ目の謝罪の方法は、限定付き謝罪の反対語（対義語）にあたる「**全面謝罪**」です。「すべて私どものミスでした。申し訳ございません」、これが全面謝罪です。全面謝罪はお客様からのクレームを聴いて現場の状況を確認して、自分たちのほうにすべて非があるとわかった段階で謝る方法です。例えば、企業が不祥事を起こしたときに行なう記者会見は、全面謝罪になります。

クレーム対応の初期段階では、お客様からの話をすべて聴いてみないと一体、誰が悪いのかはわかりません。自分たちが悪いと思って話を聴いていても、お客様の思い込みや勘違いだったというケースもあります。ですから、最初から全面的に謝る必要はありません。**まだクレームの原因が把握できていない状況では、部分的に謝ったほうが良い**のです。

では、限定付き謝罪をするとして、どこに限定して、どの部分に対して謝ればよいのか？

ここで、まだ状況を確認していなくてもわかっていることが1つあります。それは、自分たちは良かれと思って、お客様に対してきちんと仕事をしていても、目の前で怒っているお客様は自分たちの仕事ぶりに満足していない、嫌な気持ちになっていることです。**そのお客様の怒りの気持ちに対して謝る手法が、限定付き謝罪である**と理解してもらって結構です。

まだ事実は把握できていなくても、お客様の怒りの気持ちに対してのみ謝るのです。

この場合の謝罪は、お客様の感情を第一に考えた行為です。お客様との心のつながりを

◎限定付き謝罪と全面謝罪◎

○　限定付き謝罪
お客様の怒りの気持ちに対してのみ（部分的に）謝る

×　全面謝罪
怒りのほか、お客様の言い分など、すべてに対して謝る
例：企業不祥事の謝罪など

最優先に考える、相手の心の痛みを察するということです。お詫びすることでお客様の気持ちを癒し、そして安心してもらうのです。

全面的に謝罪するのではなく、お客様の残念な気持ちやガッカリされて悲しんでいるという部分に寄り添う、これが限定付き謝罪です。

先ほどの遊園地の券売機でお釣りが出てこなかった例で言えば、「**せっかくご利用いただいておりますのに、ご不便をおかけしてしまい、申し訳ございません**」という言葉を投げかけるとよいと思います。

ほかの例としては、常連のお客様から「店舗の従業員の対応が悪かった」というようなご指摘をいただいたのであれば、次のような限定付き謝罪となります。

限定付き謝罪

「いつもお越しいただいておりますのに、私どもの対応にご満足いただけない点があったようで、申し訳ございません」

この限定付き謝罪をした時点では、まだ店舗の現場を見ていません。状況を確認してみないと、現場の対応が本当に悪かったのかどうかはわからないのですが、お客様がその店舗の従業員の仕事ぶりに満足されていないことは事実です。であれば、お客様のネガティブな感情に寄り添う「**お詫び（謝罪）の言葉**」を投げかけるようにしてほしいのです。

頻出クレームに合わせて「お詫びの言葉」を準備する

限定付き謝罪の言葉や表現には、こうでなければいけないという正解はありません。あなたの仕事の現場でよく起きるクレームのうち上位3つを思い浮かべて、そのクレームに対してどんな言葉がピンポイントでマッチするかを考えて準備して下さい。例えば、次のページのような「**お詫びの言葉リスト**」を参考にするとよいと思います。

対面でも、電話でも、メールでもすべて同じです。限定付き謝罪でどんな言葉を使うべきか、現場で起きるクレームを想定して最初のお詫びの言葉をぜひ準備して下さい。

◎お詫びの言葉リスト（例）◎

業界	クレームの内容	お詫びの言葉
不動産会社	新しく入居したお客様から「マンションのエントランスが汚い」と言われた場合	「ご紹介した物件でご不便をおかけしているようですね、申し訳ございません」
ホテル	チェックインしたお客様から「禁煙室なのにタバコの臭いがする」と言われた場合	「私どもに不手際があり、嫌なお気持ちを与えてしまいましたこと、深くお詫びいたします」
保険会社	契約者のお客様から「そんな契約だったなんて聴いていない」と言われた場合	「私どもの説明に至らない点があったようで申し訳ございません」
市役所	住民から「道路工事がうるさい。こんな大きな音が出るなんて知らなかった」と言われた場合	「ご連絡いただきありがとうございます。大変驚かれたことと思います。お詫び申し上げます」
ネット通販	商品をご購入されたお客様から「思っていたのと全然違う！」と言われた場合	「お送りした商品がご期待に応えられない部分があったこと、心苦しい限りでございます」
百貨店	長年ご利用いただいているお得意様から「対応がとても事務的だった」と言われた場合	「長年ご利用いただきながら、私どもの対応で不快なお気持ちをお与えしてしまい、誠に申し訳ございません」
パソコンサポートセンター	お客様から「何度も電話したのにつながらなかった」と言われた場合	「お困りで何度もご連絡をいただいたのですね。当社の対応が至らず誠に申し訳ございません」
病院	新規の患者から「30分も待たされた。おたくは一体、いつまで待たせるの！」と言われた場合	「お急ぎのところ、30分もお待たせしてしまったわけですね。大変失礼いたしました」

「ひと言、謝ってくれれば良かったのに……」

第2章でも説明しましたが、お客様はひと言、謝ってほしかったのです。それなのに、最初に謝罪がなかったことで、怒りの気持ちをさらに大きくしてしまうことが多いのです。

クレームは大きなトラブルが起きたときに発生するイメージがあるかもしれませんが、その前に小さな不満の積み重ねや最初の対応が良くなかったことで、お客様がずっと悪い印象を持ち続けていたというケースが少なくありません。

お客様自身の我慢の限界線を超えたときに、怒りの感情が炎のように一気に対応者側に降りかかってくるのがクレームです。

クレームを受けると身構えてしまい、「ウチが悪いわけではないかもしれないのに最初に謝ると、すべて認めたことになる」「謝ると責任を負わないといけない」「謝ることでお金を払わないといけなくなる」「訴訟になった場合に不利になる」などと考えて、謝罪をしない企業が実に多いのです。

しかし、状況を確認して自分たちが悪いことが判明してから初めて、お客様に謝っても遅すぎるのです。先ほどの遊園地の券売機の例でも、1万円札が券売機の中に入っていたことがわかって慌てて、「申し訳ございませんでした」と謝ったところで、お客様は「だから最初から言っているでしょう。なぜ最初から謝らないのですか！　こんなに待たせて一体どういうつもりですか!!」と、謝らなかったことと、自分が疑われていたということで、お客様からさらに怒られてしまいます。

謝罪を先延ばしにしてしまうと、「これは悪質クレームではないか」という疑いの目が自分に向けられていると、お客様に思われてしまうこともあります。

やはり、謝罪は最初に行なうべきです。「最初に謝罪がなかった」と怒るお客様は、「すぐに謝罪さえしてくれていれば許したのに」と悲しんでいます。

身近な例ですが、居酒屋で「ビールはまだ?」と言われて、「今、準備しています！」と解決策をすぐに出す店員の対応はＮＧです。このような対応では、お客様はもっと腹が立ちます。その後、料理が出てくるのが遅かったら、またクレームを言われてしまいます。「お待たせしてしまい申し訳ございません。大至急持ってまいります」と申し訳なさそうな気持ちを表情に出して、ひと言謝ってから厨房に走っていくようにすると、お客様の怒りの感情を抑えることができます。

何度も繰り返しますが、クレームは立場を変えて考えると、どのように対応すれば賢明なのかがわかるはずです。そして、とにかく初期対応が肝心です。例えば、居酒屋のお客様は、ビールが飲めないから怒るわけではなくて、時間を奪われているために怒っていることを気づけるかどうかが重要です。

少し驚かれるかもしれませんが、最近になって私のところにクレームの相談がよくある業種の1つが弁護士さんです。一体、どんなクレームに困っているのでしょうか？

よくあるケースとして、裁判に負けてしまうことでクライアントから反旗を翻されて文句を言われたり、示談交渉相手に「弁護士だからと言って、その話し方は何だ！　上から目線でモノを言うな!!」と言われたりするそうです。そのとき、「**いえ、そんなつもりはございません**」**と否定してしまうのはＮＧ**です。このように相手を否定してしまうと、関係がさらにこじれる確率が高まります。

その場合、「**私の話し方で嫌なお気持ちを与えてしまい、申し訳ございません。話を続けさせていただいても宜しいでしょうか？**」などというように、限定付き謝罪を最初に入れれば、次に話を進めることができます。

逆に、お客様の怒りに対して「申し訳ございません」を連発して謝りすぎる営業マンや、謝ることに夢中になっている人がいます（笑）。

このような場合、「あなた、謝っていますけど、一体何に対して謝っているのですか！」とツッコミを受けることがあります。お詫びの言葉を連発するのは「こうやって謝っているのだから許してほしい」と考えている深層心理の表れだと思います。表面上は謝っていても、謝罪の気持ちよりも「早く終わらせたい」という気持ちのほうがお客様に伝わってしまうと、お客様をさらに怒らせてしまうだけです。

限定付き謝罪は、最初の1回だけでも十分です。お客様が怒る気持ちに寄り添って、お詫びの言葉を投げかけることを意識して下さい。

「対立」を「対話」に変える

クレームの怖いところは、どんなに長年お付き合いのあるお得意様でも、新規でお申込みのあった初めての個人のお客様でも、苦情やクレームがあった時点で、そこには「**対立関係**」が存在していることです。

クレームの受け手側は、意図していなくても、お客様は攻撃的な姿勢で自分たちに向かってきます。

この対立関係を「対話できる関係」に変えないと、クレームはいつまで経っても終わりません。だからこそ、最初に謝罪をするのです。

謝罪することによって、お客様に冷静になってもらって、話し合いができる状態に変えるのです。クレームを言う側と言われる側でお互い協力し合って、どこを落としどころにするのかを探る起点にするために謝罪することを忘れないで下さい。

仮に謝らずに自分たちの言い分を述べたり、「それは違います」と反論したり、「そんなことを言われても、こちらにミスはない」という態度を見せると、対立関係がさらに激化します。そうなると、お客様は自分がクレームを言った問題以前に感情的になって、その会社を懲らしめないと気が済まなくなり、理不尽なクレームを重ねて相手を困らせることが最大の目的に変わってしまいます。こうなってしまうと、誰も得することはありません。

思い出して下さい。クレーム対応の目的は、お客様の怒りを笑顔に変えて、クレーム客をファンに変えることです。そのため、まず限定付き謝罪を入れて、お客様の怒りの気持ちのボルテージを下げなければいけません。

限定付き謝罪をするときには、相手の怒りの感情を抑える労《いたわ》りと配慮の言葉を使うことになります。

ある取引先の信用金庫の支店長から、「限定付き謝罪を使っても、初期対応がうまくいかなかった」とクレームを受けたことがあります。詳しくお話を伺っていてわかりました。その支店長が限定付き謝罪として使っていた言葉は、次のようなものでした。

限定付き謝罪のNG例

「お客様に嫌なお気持ちをお与えしましした件につきましては、申し訳ございません」

皆さんもお気づきになったと思いますが、「は」が余計です。一見、限定付き謝罪になっているように感じますが、お客様の気持ちに寄り添う限定付き謝罪とはかけ離れたものになっています。「この件については謝るけど、ほかは悪くなかった」ということを強調して、上から目線でお客様に主張しているようにも感じてしまいます。

特に、顔が見えない電話対応では、上から目線という印象をお客様に与えてはいけません。そのためには、声のトーンにも少し意識する必要があります。

顔が見えないことをいいことに、ふんぞり返ったままで「申し訳ございませんでした」と言っても、お客様には反省の気持ちは伝わりません。ポイントとしては、**電話でもお詫びの言葉を投げかけるときには頭を下げるようにします**。声のトーンは、体の姿勢で変わります。頭を下げて謝罪すれば、声のトーンが低くなり、お客様に反省の気持ちが伝わります。

よく街中でも携帯電話で取引先と話している営業マンが「ありがとうございます」と言っ

て、電話なのにペコペコ頭を下げていますよね。周囲から見れば少し笑える微笑ましいシーンですが、電話対応時の謝罪でも、これと同じことを実践するのが良いのです。

限定付き謝罪の応用例として、「**ご親切にご注意をいただきまして、ありがとうございます**」というような謝り方があります。これは、お客様のクレームを親切心として受け取る伝え方です。このように、**お客様がクレームに時間も労力も使ってくれていることに対して感謝の気持ちを忘れないようにしましょう。**

話を聴く姿勢を見せることで主導権を握る

限定付き謝罪をマスターすると、クレームが起こっても謝っただけで許していただけることが増えてくると思います。ただ、お客様の話をしっかり聴いてみないと、わからないことも多いのがクレーム対応です。

そこで、「お詫びの言葉」とセットで不可欠なのが、**お客様の話をしっかり聴こうとする姿勢**です。

クレームを聴くのは嫌なことかもしれません。でもよくよく考えてみると、「お客様はなぜクレームを言っているのだろう?」「お客様に何があったのだろう?」という気になりませんか?

例えば会社の会議で、自分はすごく良いアイデアだと思って、そのアイデアを会議で発表したところ、上司からダメ出しをされたら、腹が立ちますよね。でも、腹を立てる前に、なぜダメなのか、その理由を知りたくはありませんか?

クレーム対応も、これと同じです。

クレーム対応では、お客様に「自分たちの仕事のどこがダメだったのか?」を聴こうとする、この姿勢が、お客様の心を動かすのです。目の前の問題から逃げない姿勢に対して、お客様は信頼の気持ちを持ち始めるのです。

対応者によっては「謝れば済む問題だ」と考えて、謝罪のみで済まそうとする方も少なくありません。そんな態度がお客様に伝わると、「それで済まそうというつもり?」「それで、おたくはどうしてくれるの?」とツッコミを受ける苦しい展開になります。

この「どうしてくれる?」という言葉に対して、金銭を要求されている、と身構えてしまい、「そうはおっしゃられても……」「私どもができるのは謝ることだけです」と突っぱねてしまっては、せっかく対話ができるようになったのに、また対立関係に戻ってしまいかねません。

多くの場合、お客様はお金が欲しいからクレームを言っているわけではありません。お客様は、対応する側の話を聴こうとしない態度に腹を立てているのです。

話を聴こうとするときには、次のような言葉をお客様に投げかけることになります。

聴く姿勢を見せる言葉

「どのようなことがございましたか？」
「お話を詳しく聴かせて下さい」

まさにクレーム対応は、新聞記者やジャーナリスト、あるいは芸能リポーターであるかのように、「どんなことがありましたか、お話を聴かせて下さい」という**聴く姿勢を見せるのが好ましい**のです。

このとき、気をつけてほしいのですが、「何かございましたか？」で終わるのはＮＧです。「何かあったから電話をしたんだ！」と、またお客様に怒られてしまうので、「ぜひ、聴かせて下さい」「どうぞ、お話し下さい」とお客様にしっかりお願いするようにして下さい。

第1章の32ページで紹介した、20代の女性が神社の神主さんに言った理不尽なクレームを例にすると、「**恋愛運が上がると聞いて、何度も通ってお願い事をしたのに、男運が一向に上がらない！**」というクレームに対しては、「**ご期待に応えられないことが多々あったようで、申し訳ございません。どのようなことがありましたか、お話を聴かせて下さい**」

と切り返すことになります。

〝**自分事**〟として捉えて、このような言葉を投げかけると、お客様は少し冷静になって話を始めてくれるはずです。そうなれば、初期対応で失敗することはありません。

先ほどの例の神社の神主さんから聞いた話ですが、この女性は恋愛が自分の思いどおりにならなかった話を神主さんに聴いてほしかっただけだったそうです。

●メモを取る

次に、お客様から話を聴くときに、対面でも電話でも必要なことは「**メモを取る**」ことです。メモを取ることには、ある意味パフォーマンス的な要素もありますが、その最大のメリットは、自分たちが**主導権を握る**ことができるということです。

謝って話を聴こうとして、さらにメモを取ろうとする対応者に対して、お客様は怒りの感情をぶつけ難くなるのです。つまり、メモを取れば、お客様は「（対応者が）メモを取るというのに感情的になっていても仕方がない。何があって、自分がどんな気持ちになっていて、どうしてもらいたいのかを順番に話さないと、正確な事情をわかってもらえなくなる」と考えてくれて、落ち着いて話を続けてくれるようになります。

また、対面のクレーム対応では、ずっとお客様の顔を見て話を聴くのは対応者にとって意外とストレスがかかるものです。そのような場合には、メモに視線を落としながら、ゆっくりと書いていくと、お客様の話をペースダウンさせることもできます。

こうすれば、取材の話し手と聞き手というような関係性が生まれ、対立関係が一種の協力関係に変わり、ここからはお客様と対応者の共同作業に移ります。

メモを取らない現場やメモが不十分な現場からの報告を鵜呑みにしない

お客様が話したことのなかで印象に残ったキーワードだけをメモに書き残す人がいます。しかし、それだけでは不十分です。そもそも、メモをまったく取らない対応者もいます。私も、お客様相談室の責任者時代に苦い経験があります。

それは、メモを取らずにクレームを受けた営業マンやコールセンターのオペレーターの報告を信じて判断すると、かなり高い確率でクレーム対応は失敗するということです。

クレームを受けた営業マンにはこう考える人もいます。「こっちは、ちゃんとやっているのに、これくらいで怒るなんて変な客だな」「このクレームで自分の評価が下がるのは嫌だな」——、これらはある種の人間心理が働いているものと考えられます。このような人間心理によって、営業マンから「谷さん、こっちは悪くないのに、これくらいのことで怒ってイチャモンをつけてくる変な客ですよ！」というような報告が上がってきます。

オペレーターに関しても、私のせいでもないのに、こんなことでクレームを言われている私のほうが被害者だ、と思っていると、「1時間近く、同じ話を何回も聞かされました。えっ！　これくらいのことで？　って思うことばかりでした」といった個人的で主観的な意見だけが報告として上がってくるのです。

これらの報告を信じて「自分たちは悪くない」と即断し、その後、クレーム対応を引き継ぐと、お客様が言っているクレームの内容と私が受けた報告の内容とが随分違っていることが多く、そのほとんどが自分たちに非があったということでした。

こうした事態を防ぐためにも、メモを必ず取って下さい。**メモを取れば、事実と意見を分けることができます**。

メモを取らない対応者は、残念ながら、先ほど述べたように自分の正当性や意見を主張します。また、メモを取っている場合でも、キーワードだけをつなげて自分にとって都合の良いストーリーをつくって報告を上げてくるケースが少なくありません。

私は、メモの取り方が不十分だったり、まったくメモを取らなかったりする営業マンやオペレーターに、いつも次のように言っていました。

「事実と意見を分けて報告してくれませんか。あなたの解釈や意見は後で聴きましょう。それよりお客様が何とおっしゃったのか、その事実を正確に教えて下さい。そうじゃないと、私が正しい判断をすることができないからです」

お客様が話した内容が真実かどうかは後でわかってきます。まず「何と言ったのか」という事実を明確にしなければいけません。

メモを取りながら、お客様の話をすべてしっかり聴くことができれば、最後に**メモの内容を復唱して、お客様に間違いないかどうかを確認する**こともできます。

お客様がクレームで指摘してくる内容は1つだけではなく、2つ以上の指摘をしてくるケースもあります。そのような場合、メモをしっかり取らないと、把握すべき情報の漏れが出てしまったり、事実を間違って解釈してしまったりするリスクが高まります。

事実確認に時間がかかるときほど、メモが役に立つ

クレームを受けて事実を確認するときに、他部署や現場に確認を取らないといけないケースが少なくありません。そのため、クレーム対応がすぐに終わらない場合もあります。その場合は、クレームの内容の事実を書き残したメモが非常に役に立ちます。

と言うのは、最初に**クレームを受けた日の翌日になると、お客様が前日とは異なる内容を主張してくる**ケースが多々あるからです。

そのようなケースでも、メモを正確に取っていれば、「お客様、今お話しされた内容は、

昨日は承っておりませんでしたので、まず昨日のお申し出について話をさせて下さい」と言って、**自分たちが主導権を握る**ことができます。

私の場合は、取引先企業や個人情報が特定できるお客様には復唱して確認を取ったメモの内容を清書し、メールに添付して送ったり、お客様のご自宅にFAXをしたりして、翌日は同じものをお客様と一緒に見ながら話をするようにしていました。

この方法をアドバイスした企業の担当の方から、「メモがあると、『**言った、言わない**』の余計なトラブルが起きないのでとても重宝しています」というお褒めの言葉を多数いただいています。

ここまでを整理すると、クレーム対応がうまくいかない主な理由は次の2つです。

(1) 謝らないために、対立を対話に変えられない
(2) メモを取らないために、事実と意見を分けられていない

逆に言うと、この2つさえできていれば、クレーム対応の初期対応で失敗することはないということです。

私の経験上、最初から怒りまくって感情的になっているお客様や、興奮して強い口調で責めてくるお客様ほど、対応者側が冷静に対応していると、「自分だけ何を興奮しているのだろう」と冷静になって態度を軟化させる方がほとんどでした。ここで、勘違いしないでほしいのですが、**冷静に対応することは、事務的な対応をすることではありません。**「私どもの対応でお客様に嫌なお気持ちを与えてしまったのですね。どうぞすべてお話し下さい」というように、お客様の気持ちを受け入れる姿勢で〝冷静に〟対応すると、そのお客様は案外、子供のように騒ぎ立てている自分に恥ずかしくなって、声のトーンがどんどん低くなっていくものです。

「担当者を代えろ!」のクレームを引き継いだらどうする?

営業マンの方からよく受ける相談があります。それは、前任の営業担当者がトラブルを起こし、「担当者を代えろ!」とクレームがつき、自分が担当を引き継ぐことになった場合は、どこに注意すればよいのか、という相談です。まずアウトな例を挙げましょう。

アウトな対応例

お客様　「前任の○○君、ミスばっかりで、おたくの会社は一体どうなっているんだ」

対応者　**「私はしっかりやりますので、ご安心下さい!」**

お客様 「しっかりやるって、何を根拠に言っているんだ。前任がどんなミスをしたのか君は知っているのか！」

対応者 **「え〜、それは……」**

このような例において担当変更の挨拶の時点では、お客様の怒りが完全に収まっていないケースが少なくありません。そのために、あなたの会社に対して**不信感を募らせている状態のお客様に「ご安心下さい！」と言っても、お客様は信用してくれません。**

次の例のように、前任者がどのようなトラブルを起こしたのかという〝事実〟をしっかり把握してから、お客様のところに担当変更の挨拶と謝罪に出向くのが良いでしょう。

OK対応例

お客様 「前任の○○君、ミスばっかりで、おたくの会社は一体どうなっているんだ」

対応者 **「当社の対応に多大な失礼があり、ご不便をおかけしましたこと心よりお詫び申し上げます。私どもに気持ちの緩みがあったことを深く反省しております。今回ご指摘いただいた点につきまして、私が責任を持って改善に努めさせていただきます」**

このように、前任者の仕事のミスをしっかり謝罪したうえで、その事実を自分たちが把握していることを明確にして、今後は新しい担当の自分がどうやって問題を解消していくのかというところまで伝えられれば、お客様は、「前任者のミスの内容を認識しているし、同じことが繰り返されることはないだろう」という安心感を持つようになります。

今、日本の社会では、謝罪を求める傾向が強いと思います。外国製エレベーターの会社が人身事故を起こした際、事故原因が不明だったため、外国人経営トップは謝罪せず、また不祥事の責任についても明言しなかったことで、問題を大きくしたことがありました。この会社の初期対応は大失敗だったと言われても仕方のない事例です。

最近の日本では、被害者側は加害者からの謝罪を強く求めます。それは、「自分のことを大切にしてほしかった」「尊重してほしかった」という気持ちが強いからです。

この心情的な被害については、金銭による賠償、返品やサービスのやり直しなどの物理的な手段では、解決することができません。

クレーム対応を、特別なビジネスコミュニケーションとして考えるのではなく、そもそも**人と人とのコミュニケーション**であると考えて、クレームを言ってくるお客様の気持ちに寄り添いながら、自分たちの非について素直に頭を下げるしかありません。

たった一人の社員の不誠実な対応がきっかけで会社全体のイメージが大きく失墜するこ

ともあれば、会社全体の不誠実な対応をたった一人の社員の誠実な対応で挽回することもできます。それが、クレーム対応という仕事なのです。

「責任者を出せ！」と言われたらどうする？

講演や研修の質疑応答で必ずと言ってよいほど出てくるのが、「上を出せ！」「責任者を出せ！」と言われたときには、どう対応するか、という質問です。

●いきなり冒頭に「上を出せ！」と言われた場合

アウトな対応例

お客様　「責任者を出せ！」

対応者　**「責任者は不在にしております」**

お客様　「不在だと!?　携帯電話ぐらい持っているだろう。すぐに連絡を取れ！」

このように、責任者が不在にしているという返答をしてしまうと、「責任者を出す、出さない」というところに論点が変わってしまうことにお気づきになったでしょうか。

この状況では、「お客様が一体なぜ、『責任者を出せ！』と言っているのか？」「そもそも、お客様にどんなことがあったのか？」「クレームをなぜ言ってきたのか？」がわからなくなってしまいます。

こうなってしまうと、上司を出すまでクレームの事実確認ができません。もっと言えば、対立関係を対話できる関係に変えられません。

私は、このようにクレームの冒頭でいきなり「上を出せ！」と要求されたときには、クレーム対応の初期対応と同じ対応法をおススメしています。次の例のとおりです。

OK対応例

お客様　「責任者を出せ！」

対応者　**「ご不便をおかけしたことがあったようですね。申し訳ございません。お話をお伺いし、上司にも報告をしたく存じます。どのようなことがございましたか？」**

このように、クレーム対応の初期対応の基本である、限定付き謝罪と話を聴く姿勢から入る対応がベストだと思います。特にやり方を変える必要はないのです。

「私がこの現場の責任者ですので、私が対応します」という対応方法を導入されている会社などもありますが、50％程度の確率で、お客様から対応者の見た目や役職で判断されて、「お前ではダメだ！　もっと上を出せ‼」と言われるでしょう。

何があったのかわからない状況で、いきなり上席者を出すのは組織としてもリスクが高くなります。もっと言えば、誰がクレーム対応をするのかをお客様から指図されて、そのとおりにする必要はありません。主導権は、あくまでも自分たちが握るべきです。上席者は最終の切り札と考えて、すぐにクレーム対応に出ずに、最初の対応者が限定付き謝罪と話を聴く姿勢により、対立関係を対話可能な関係に変えることを優先するべきです。

「お客様は責任者を出してほしいと思うくらい大変なことだと思っている」と真摯に受け止めて、まずメモを取りながら話をしっかり聴き、上席者にも報告して情報共有するスタンスをお客様に示す必要があります。

また、クレーム対応で留意すべきポイントとして、〝**お客様の言葉に引っ張られない**〟という点があります。第1章の32ページでも紹介した銀行のカウンターで50代の会社役員が次のように暴言を吐いて、怒りをぶちまけたクレームの事例で考えてみましょう。


「お前たちのせいで大損した！　俺はお前たちに言いたいことがたくさんある。支店長を出せ！」

私自身も2000件以上のクレーム対応をやってきてわかったことですが、興奮しているお客様は「大損した！」「言いたいことがたくさんある」「支店長を出せ！」などと矢継ぎ早にいかに大変な問題が起きたのかをアピールしてきます。この一連の言葉に動揺してしまったり、「上を出せ！」と言われてオロオロしたりしてはいけません。

このケースで言えば、「どれくらいの損失があったのか？」「言いたいことがたくさんあると言っても、それは何か？」「『支店長を出せ！』というくらい、お客様にとって本当に大変なことがあったのだろうか？」と考えられるようになってほしいのです。

そのように考えることができれば、次のような限定付き謝罪と話を聴く姿勢をお客様に見せる対応をとることができます。

限定付き謝罪と聴く姿勢

「いつもお取引をいただいておりますのに、ご満足いただけなかったことがあったようで申し訳ございません。どのようなことがあったのか、私に詳しくお聴かせいただけませんでしょうか？　私から支店長に報告するようにいたします」

このように窓口に出た対応者がお客様に伝えたところ、お客様の気持ちにしっかりと寄り添って受け止めようとする姿勢にお客様は少し安心されたようで、その後は冷静に話をされたそうです。また、この銀行の渉外担当から提案のあった金融商品で損失を被ったことがクレームの原因であったことも判明しました。
「大損した！」というわりには、少ない金額だったようですが、損失があったのは事実でした。それについても、この対応者は真摯に受け止め、次のような言葉をお客様に投げかけたそうです。

お客様の気持ちに寄り添う言葉

「お客様のご期待に応えられず、申し訳ない気持ちでいっぱいです。私どもがもう少しお客様に何かできることがないかを考えられていればと反省しています」

この言葉を聴いたお客様は、次のように言って、最後はスッキリとした表情で銀行を後にされたようです。

「大声を出して申し訳なかった。金融商品の売買は自己責任ということはわかっていたけれど、この状況をわかってほしかったんだ。話を聴いてくれてありがとう」

お客様の問題をすべて解決することがクレーム対応ではありません。むしろ解決して差し上げられることのほうが少ないかもしれません。だからこそ、この例の対応者のように、心と心を通わせる意識を持って、クレームを受け止めて下さい。

●対応している途中に「上を出せ！」と言われた場合

この場合は、初期対応で失敗したパターンです。

お客様は、「この人と話をしていても理解してくれないから、話してもムダだ」と思うと、「アンタではダメだ。上を出せ！」と要求してきます。私も実際に、自分がクレームを言ったケースで、この人では話が進展しないし、決裁権も持っていないから判断できないと思うと、そのように要求します。

クレーム対応の常套手段として、「**人を代える**」「**時間を空ける**」という方法があります。まず「人を代える」という方法ですが、私はクレーム対応では、お客様と対応者の「**相性**」があると思っています。

もちろん、最初の対応者でうまく解決するのが理想ですが、うまくいかない場合に人を代える、つまり**対応者を代えると**、クレーム対応があっさり終わるケースがよくあります。

頑なに上席者を出さないという考え方に固執するより、上席の責任者がクレーム対応をしっかりできるのであれば、然るべきタイミングで責任者が出ていくというやり方を選択してもよいのです。そのためには、組織として、「**どのタイミングで責任者を出すか**」という社内ルールを準備しておくことをおススメします。

責任者や管理者が対応に出ていくべきタイミングに正解はありませんが、初期対応がうまくいかなかった場合の対策として、主導権を握るためには、次のように伝える必要があります。

「人を代える」ときの切り返し

「お役に立てず、申し訳ございません。上の者に対応を代わらせていただきます」
「承知しました。私の一存では決められない点も多々ございますので、上の者も同席させて下さい」

もう1つの「時間を空ける」というやり方は、やはり初期対応でうまくいかなかった場合になりますが、例えば電話でのクレーム対応の途中で「上を出せ！」と言われたときには、次のような言葉を使って、少し時間を空ける対応に切り替えます。

「時間を空ける」ときの切り返し

「承知しました。大変恐縮ですが上席の者が本日不在にしておりますので、今お話しいただいた内容をすべて報告したうえで、明日上席の者からご連絡させていただきます。お客様のご都合はいかがでしょうか？」

私の経験上、1日だけでも少し時間を空けることで、お客様の怒りがクールダウンすることが多くありました。クレーム対応の途中で「上を出せ！」と言われた場合には、このようにして時間を空けるようにすれば、お客様の怒りを一旦リセットでき、少し冷静になってもらえるメリットがあります。

私の取引先のなかに、最初の窓口の担当者が対応してうまくいかないときに総務部長に対応者を代えるパターンと、最初の対応者が話を聴いてから、お客様に解決策を総務部長が翌日伝えることで時間を空けるパターンを使い分けるという対応マニュアルを採用している病院があります。

クレームEメールの初期対応で気をつけるべきこと

ネット通販の利用が急増したこともあり、Eメールによるクレームが爆発的に増えています。クレームEメールでも初期対応で失敗しないために必要なことがあります。

それは、お客様が最初に目にする**Eメールの件名、つまりタイトル部分をお詫びから入る**ということです。例えば、お客様からの注文商品と違うものが届いたというクレームEメールを受けた例で説明しましょう。

クレームEメールに対する返信のアウトな件名、OKな件名

× 当社の商品配送につきまして
○ 【お詫び】商品誤配送につきまして
○ 商品の誤配送があり、大変ご不便をおかけしました

このように件名を見ただけで、メールの主旨がすぐに伝わるようにしなければいけません。Eメールでクレームを言ってくるお客様も、電話などでクレームを言うお客様と同様に、きちんと対応してくれるかどうかを見ています。Eメールでクレームの内容を送信して返信が戻ってくる時間を、お客様はイライラしながら待っているのです。このとき、待っているという感覚よりも、待たされているという気持ちが強くなります。したがって、クレームEメールでも、初期対応での失敗は許されません。

本文を開かなければ内容がわからないようなメールで、お客様をさらに不安にさせてはいけないのです。

件名、タイトルで、その**メールの内容が一目でわかるようにして、お客様の時間を奪わない**ようにして下さい。

クレームEメールの初期対応で失敗しないための注意点はもう1つあります。それは、

◎クレームEメール返信時の誤字・脱字（ある通販会社の例）◎

①		○	この度はご利用いただき
	→×		この旅はご利用いただき
②		○	ありがとうございます
	→×		ありがとごうざいます
③		○	ご迷惑をおかけしまして
	→×		ご迷惑をおけけしまして
④		○	申し訳ございませんでした
	→×		申し訳けございませんでした
⑤		○	明日15時までにご返信いたします
	→×		明日15時までにご変身いたします

メールを返信する前に必ずメールの内容を紙に印刷して声に出して読むようにすることです。パソコン上の画面で何度も黙読してチェックする人が多いと思いますが、それでは不十分です。

画面で見るのと、声に出して読むのとでは随分印象が変わってきます。実際に印刷して声に出して読んでみると、意外に事務的で冷たい文章になっていることに気づく場合があります。

私は取引先には、Eメールでのクレーム対応時の返信メールは、作成した担当者以外の人に声を出して読んでもらって了解が得られてから、お客様に送信するようにアドバイスしています。

メール文面を声に出して読む利点は、ほかにもあります。それは、画面上では見逃してしまいやすい誤字・脱字を発見できることです。

前ページの上の一覧は、私の取引先のネット通販会社で実際に起きた、誤字・脱字に気づかずにお客様に返信してしまった例です。

①の例では、お客様から「私は旅には出ていません。おたくから通販で買い物しただけです」と冷たいツッコミを入れられ、⑤の例では、「変身」について、お客様から「明日の15時までに御社は生まれ変わる覚悟があるという意味で宜しいのですね」と嫌味のメールを頂戴してしまう結果に……（泣）。

このネット通販会社のお客様相談室の責任者は、「返す言葉が何も思いつかなかった。お怒りのお客様をさらにガッカリさせてしまった」と、とても後悔されていました。

つまらないことで、お客様の信頼を失いたくないものです。誰でも起こすミスなので、皆さんも十分に気をつけて下さい。

ここまではクレームEメールのデメリットや、気をつけてほしいポイントを説明してきましたが、クレームEメールにはメリットもあります。それは、お客様とメールでやりとりする過程で、その内容の履歴が残るという利点です。

つまり、言った、言わないという事態を防げるということです。

また、Eメールでのクレーム対応をうまく行なえて、お客様を感動させることができれば、その対応内容（メール文面）をお客様が印刷して大事に持っていてくれている、という話をよく聞きます。

ある航空会社の広報の方から教えていただいたのですが、客室乗務員の対応に腹を立てたお客様が、お客様相談室宛てにクレームEメールを送ってきたそうです。お客様相談室で状況を確認した結果、客室乗務員と地上勤務職員の間で連携がうまく取れていなかったことがクレームの原因だということが判明したそうです。

それを受けて、お客様相談室の担当者が真摯に謝罪し、お客様に嫌な気持ちを与えてしまったことに対する反省の気持ちを込めたメールを返信したところ、お客様は、そのメールの内容に感動され、次の搭乗時に空港のチェックインカウンターの窓口に先ほどのメール文面を印刷したものを持って来られて、「ちゃんと、私の気持ちをわかってくれてありがとう。メールの内容を見て大変感激しました。今後も宜しくお願いします」と笑顔で窓口の担当者に声をかけられたそうです。

炎上回避！　SNS対策で絶対やってはいけないこと

Eメールだけでなく、最近では企業がSNSで発信した投稿が炎上して、「結果として誤解を招いた」と言い訳しているシーンをよく見るようになりました。伝えたいことがきちんと伝わる内容なのかどうかを何度も見返してから、コンテンツを慎重に投稿しなければなりません。

企業の商品やサービスに関する好意的な情報だけでなく、ネガティブな情報が、ツイッター、フェイスブックを中心としてSNSによって世の中にあっという間に広まる昨今。SNSは、企業としても慎重にならざるをえないメディアだと思います。

SNSは本来、お客様と繋がり、ファンにするうえで有効なメディアです。ただ、ネガティブで、企業にとっては望ましくない情報を拡散されると、企業のブランドイメージ低下の危機に直結する可能性があり、そうした事態への対策が経営課題の1つとなっています。

実際、ツイッターでネガティブな情報を見たユーザーがリツイートして拡散したり、SNS上の情報を職場や家庭で悪い口コミとして広めたりするケースも当たり前のように発生しています。

特に、ツイッターは匿名で投稿できるため、日常的な愚痴に近い内容が、リアルな声として世の中に広まってしまうことさえあります。「○○会社のコールセンターの対応は不親切で最悪だった」「○○引っ越し会社のトラックは運転が荒い！」「○○病院で看護師にこんなありえない応対をされた！（拡散希望）」など、いわゆるネット告発ともとれる内容が次々に書き込まれています。

では、誰もが見ることができるＳＮＳや掲示板で、自社に対するネガティブな投稿が見つかったらどう対応すればよいのでしょうか。

ＳＮＳだからと言って、対応のやり方が大きく変わるわけではありません。

ネガティブな投稿のなかには、明らかに真実ではない悪意に満ちた書き込みがあるかもしれませんが、そのような悪い書き込みに対しても感情的にならず、冷静に受け止める対応が必要になります。例えば、書き込まれた内容は、自分たちの不手際によるものか否か、説明が不足していなかったかどうかを見極めることも必要です。

仮に、自分たちの説明が十分ではないと判断したのであれば、自社サイトの表記方法を改めたり、公式ホームページ上で「よくあるご質問」というＱ＆Ａのコーナーに加筆修正の情報を追加したりするなど、業務改善ができる良い機会と捉えて下さい。

また、ツイッター上で書き込まれた内容が自分たちの不手際による可能性があると判断した場合であれば、企業の公式アカウントから限定付き謝罪で「ご満足いただけない点があったようで申し訳ございませんでした」などと、誠実なコメントで謝罪回答すれば、ネガティブな情報を最小限に食い止めることができます。

ＳＮＳサイトの不満投稿を見ていくと、不満や不平を軽い気持ちでつぶやいているケースも多いのですが、実は投稿者は書き込む前に、店頭や電話でクレームを言っていたというケースが少なくありません。つまり、**店頭でクレームを言ったのに、「きちんと対応してくれなかった」「謝罪もなく言い訳された」「クレーマー扱いされて腹が立った」――、といった悔しさを不満投稿として書き込むケースが多い**ということです。

そのため、ＳＮＳや企業の公式サイトの掲示板に書き込む、誰もが見える場所、マスコミにも情報が流れるように投稿する現象が増えているのです。

企業側はＳＮＳ上で自社のネガティブ情報をモニタリング（監視）して見つけた場合、担当部署にまず連絡してから、他部署を含め社内全体で情報共有して対策を講じるのが良いでしょう。

ＳＮＳは個人による情報発信ですが、フォロワー数の多い人物や影響力を持つ人物のコメントは炎上を招くおそれがあります。

社内体制を整えていち早く、スピードを持って対応に臨めるようにして下さい。

SNS運用担当者必見！ 実際にあったアウトな対応

不満投稿に対するNG対応

× 公式フェイスブックに書き込まれた「接客対応がヒドい」という投稿を削除する

不満投稿された内容を一方的に削除するというのは、クレームの電話対応で言えば、お客様が話している途中で黙って電話を切るのと同じです。企業側にとっては、ほかのお客様に「見られたくない内容」であるかもしれませんが、書き込みを削除された側のお客様は「無視された」「またヒドい扱いを受けた」と怒りに震えるでしょう。この誠意のない対応を受けたお客様は、マスコミに情報を告発する可能性もあります。とても危険な対応なので、絶対やめて下さい。

もし削除するなら、自社でSNS対策のガイドラインをつくり、そのルールに則った対応をするようにしましょう。例えば、販売スタッフの個人が特定されてしまうような記載があった場合や、従業員に対する誹謗中傷など人格的否定があった場合は、その書き込みを削除しても大丈夫です。このようなケースでは、削除した理由もはっきりしています。

この書き込みの削除に対して文句を言われたときには、「当社として悪質な書き込みであると判断しました」と毅然とした態度をとっても構いません。

不満投稿に対するＮＧ対応

×「この商品、買ったばかりなのにすぐ故障した。もう二度と買わない」のツイートに反論する

この不満投稿をモニタリングで見つけたＳＮＳ運用担当者が、「もしかしたら、お客様の商品のご使用方法に問題があったのではないでしょうか。説明書のご確認をお願いします」と返信したケースが実際にありました。

このＳＮＳ運用担当者のように、心のどこかで「自分たちは悪くない」と考えていると、先ほどの例のように反論する返信をしてしまいます。

この企業側の対応では、お客様を一方的に否定することになってしまいます。お客様の悲しんでいる感情に寄り添えていません。仮に企業側が正しくても、とても危険な対応です。

当然ですが、お客様もこのまま黙ってはいないはずです。

実際、その投稿をされたお客様は、「じゃあ、家にあるから今から見に来いよ」と応戦していました。誰もが目にするＳＮＳ上で、まさに「公開のケンカ」が勃発したのです。

このやりとりを見た一般ユーザーはどう思うでしょうか？

見ている側も決して良い気持ちにはなりません。仮に、企業側の反論が正しい場合でも、お客様とケンカすること自体、その企業ブランドを一気に失墜させるだけです。

この1つの反論によって、目の前のお客様だけではなく、やりとりを目撃した将来の見込み客までも失ってしまうのではないでしょうか。

誰もが目にするSNSでは、不満投稿であっても慎重に対応しなければいけません。

悪い書き込みこそ、PRの大チャンス！

一方で、SNSは誰もが目にするメディアだからこそ、対応次第では自社のPRに変えることができ、新規のお客様を増やす絶好の機会にもなります。

例えばホテルの場合、口コミ投稿欄に「ほかの人が良い評価をしていたほど、たいしたことはなかった。施設自体も汚くてイマイチだった」と書き込まれたとしましょう。

これ、腹が立ちますね。「ウチのホテルは古いかもしれないけど、汚くはないぞ！　そんなことを言うのはアンタだけだよ」と反論したくもなります。

こういったケースで、お決まりのテンプレートを使って「ご意見を今後の参考にさせていただきます」と心のこもっていない返信をする担当者もいますが、テンプレートで返信するくらいなら、私だったら次のように、お礼と限定付き謝罪を入れます。

お礼と限定付き謝罪

「数多くあるホテルから当社をお選びいただき、ありがとうございます。せっかくご利用いただきましたのに、ご期待に応えられず申し訳ありませんでした」

続いて、次のように、たたみかけるようにします。

ドサクサ紛れのPR

「当ホテルではトータルで120項目にわたるチェック項目を設けて毎日真剣に清掃・点検に取り組んでおりますが、まだまだ十分ではなかったようです。次回お越しいただいた際に同じお気持ちをお与えしないよう清掃のやり方を見直してまいります」

このように、自分たちの至らない点を真摯に受け止めて反省する姿勢を見せながら、何気なく120の項目をチェックしていることと、真剣に清掃をしていることをアピールし、さらに万全を期していくという意気込みを伝えるようにします。

反省して、次はどうするかという明確な意思を伝えるのです。そうすれば、今後さらに良くなるというPRにもなります。

私はいつもこのやり方を「**ドサクサ紛れのPR**」と名付けて、いろいろな企業に実施するように提案しています。この手法の良い点は、残念な気持ちでサイトに書き込みをしたお客様の心を癒すだけでなく、その書き込みを見た将来の見込み客、つまり新規客に向けたPRになっているというところです。

まさに不満投稿という向かい風を、ブランド向上と新規顧客の開拓という追い風に変える、効果抜群のPR方法だと考えています。

常識外れの悪質な書き込み、意味不明な書き込みはどうする？

一方で、なかには冷やかしや恐喝まがいの悪質な書き込みがあるかもしれません。ネガティブな感情や不満を超えた、度がすぎるような悪質な書き込みにも、やはり自社のガイドラインを用意しておくことをおススメします。

いわゆる「**NGワード**」を設定することになります。

企業や業界によって基準や許容範囲は異なるかもしれませんが、「クソみたいだった」「こんな従業員は死ねばいい」（もっと汚い言葉が投稿されていたのを知っていますが、この辺にしておきます）、こういった悪質な書き込みは削除しても構いません。ここから業務上の改善のヒントが見つかるとは思えませんし、このような書き込みをするお客様とは良好な関係を築けません。

また、書き込みの内容からは何と返答してよいのかわからない場合、例えば企業の公式フェイスブックに「経営理念にある、『すべてはお客様のために』は嘘ばかりだった」「テレビのＣＭと全然違うサービスだった」というような書き込みがあったケースでは、書き込みの内容の主旨がわからないまま想像を働かせて返信対応するより、次のように返答するのが良いでしょう。

意味不明な投稿に対する返信例

「ご指摘、誠にありがとうございます。当アカウントではお答えできかねますので、お手数ですが、弊社お客様相談室０１２０-○○○-○○○○までお電話いただきましたら、弊社○○が担当いたします。ぜひ詳細をお聴かせいただけますと幸いに存じます」

このようなお客様の気持ちを受け止めようとする誠実さが、そのやりとりを見たほかのお客様の心をガッチリつかむことになると思います。

ガラス張りのように、**どこからでも見られるＳＮＳの世界では、まさに透明性のある対応が必要**になるのです。

COLUMN

心を込めた謝罪から大逆転ドラマが生まれる

私がお客様相談室に配属になる前の、営業マン時代の話を紹介したいと思います。
上司のミスを被ってお客様に謝罪したときの経験談です。私の直属の上司が自分の売上ほしさに大手の通販会社の取引先に良い期待を持たせることばかり言ってしまったことで、お客様から「実際は話と違った」というクレームが発生しました。非は完全に、その上司にあり、言い訳ができない状況でした。
そして、その取引先から損害賠償請求の話が出るほどの大きなトラブルに発展しました。

このトラブルから逃げた上司に代わって、なぜか私が取引先に伺って謝罪することに……。「損害賠償」という言葉に恐怖心でいっぱいになり、会社としても失敗が許されないクレーム対応でした。〝自分のせいではないのに〟という精神的な葛藤もあり、逃げた上司以上に自分も逃げたい気持ちになりましたが、「困っているのはお客様のほうだ」と自分に言い聞かせて、勇気を振り絞ってお詫びに行きました。

先方からは、強面で取引先にとても厳しいことで有名な50代半ばの営業本部長さんが出てこられました。応接室に通されたものの、私がソファーに座ろうとする前に、その営業本部長さんからの激しいクレームが始まりました。

そのまま30分くらい立たされたまま、お話を聴いていました。とても厳しいお言葉ばかりでした。

でも、この止むことのない激しいクレームをきちんと受け入れ、お話を聴いていてわかったことがたくさんありました。

それは、どれだけ自分たちの会社に期待をしていただいていたかということでした。先方の営業本部長さんは、私たちの会社との新規契約に向けて社内稟議を通すために相当時間をかけて準備されたこと、社内プレゼンをして役員を説得していただいたこと、受注体制強化のためにコールセンターのオペレーターをいつもより多く配置していただいていたこと……。その営業本部長さんの話を聴いていて、胸が締めつけられるような気持ちになったのを今でも鮮明に覚えています。

恥ずかしいことに私は、「今回の件は失敗できないトラブル対応だ」と自分の会社の都合ばかりを考えていました。そんな後ろ向きの気持ちを決して持ってはいけないことを痛感しました。

この営業本部長さんには、自分たちの会社を信頼してもらっていたにもかかわらず、期待を大きく裏切ってしまったことに心よりお詫びしました。私個人としても、心から申し訳ないという気持ちを込めて深く深く頭を下げ続けました。

この営業本部長さんが「私の言いたかったことは以上だ」とおっしゃった後、立ったままの私にソファーへ座るように促して下さり、さらにこうおっしゃいました。

「悪いのは上司なのに、逃げずによくここに来たな」と自分のせいではないトラブルに会社を代表して頭を下げに来たことに対して労いのお言葉をかけていただきました。

それだけにとどまらず、「今回のトラブルで、君の会社での立場は大丈夫か?」と逆に心配もしてくれました。この営業本部長さんの温かいお言葉に感激したことを未だに忘れることはできません。

その後、「今回は仕方がない。次はしっかりお願いしますよ」とお許しをいただき、このトラブルは賠償請求されることもなく、無事に解決しました。

後日、先方の営業本部長さんから担当者を上司から私に変更するご依頼をいただき、それ以降は受注金額が増え、この会社が私の一番のお得意様になりました。

第4章

心をつかんで切り返す「一流の技法」

～主導権を握るための心構えとテクニック～

前章では、クレーム対応の「5つのステップ」のうち、初期対応で失敗しないために、お客様の怒りを鎮める方法として、ステップ1の「お詫びする」について説明しました。

この第4章では、ステップ2~5の「**共感する**」「**事実確認と要望確認を行なう**」「**解決策を提示する**」「**魔法をかける**」について一挙に解説していきます。

どこの企業や組織にも、役職やキャリアに関係なく、「この人がクレーム対応をすると、なぜかいつもお客様が笑顔で納得してクレームが解決する」というクレーム対応の達人として一目置かれている方々がいます。

そんなクレーム対応の達人たちは、**お客様に振り回されることなく主導権を握りながら対話を進めています。**ぜひ、「一流のクレーム対応の技法」として参考にして下さい。

一流は共感しながらクレームの話を聴く

ステップ1の「お詫びする」ことによって、お客様の心をつかんで対立関係を対話できる関係に変えた後にやるべきことは、ステップ2の「**共感する**」ことです。

クレームを受ける皆さんには、お客様の話を共感しながら聴いてもらいたいのです。

では、「共感しながら話を聴く」ためには、どうすればよいのか?

それは、「**理解をする**」ということです。お客様の話を理解しようとして、お客様の気持ちをわかろうとして下さい。つまり、対立関係が対話できる関係になった後に、さらに良好な関係に変えるためには、お客様の〝**良き理解者**〟になる必要があります。

〝自分のせいではないのにクレーム対応をさせられている〟と考える方は、「はい」「え〜」と簡単で単調な相づちとなり、事務的な対応になりがちです。これでは、残念ながら、お客様の良き理解者とは言えません。お客様の心を癒すことなどできません。

企業のコールセンターのオペレーターのなかには、クレームに慣れすぎている方も少なくなく、「はいはい」「え〜え〜」とテンポが単調で相づちが早くなってしまう人もいます。こういう聴き方をしてしまうと、お客様は〝軽くあしらわれている〟と考え、さらに怒りを募らせてしまう可能性があります。

クレーム対応で、「お客様に何があったのか」をしっかり理解しようとすると、自然に相づちが、次のような言葉に変わります。

お客様に共感する「相づちの言葉」

「そうだったのですね」
「そんなことがございましたか」
「状況がよくわかります」
「お察しします」
「ご心配になりますよね」

「大変な思いをされたのですね」
「そんなことがあると不安なお気持ちになりますよね」
「お話、よく理解できました」

ほかのクレーム対応を指南する本や研修などでクレーム対応法について少し勉強した人は、クレーム対応はいかにもテクニックが必須のように思われているかもしれませんが、クレーム対応はテクニックで行なうものではありません。なぜお客様がお怒りなのかを知りたいと思うと、先ほど挙げたような相づちにならないとおかしいのです。

お客様の話を共感しながら聴いていると、お客様の言いたかったことやクレームの理由が手に取るようにわかるようになります。また、お客様も落ち着いて話ができるようになります。お客様と完全に対話できる関係に変わるのです。

明石家さんまさんの相手の心をつかむスゴい話の聴き方

フジテレビ系列の番組『ホンマでっか!?ＴＶ』に企業クレーム評論家として出演した際に大変驚いたことが１つあります。それは、明石家さんまさんの話の聴き方です。

テレビで見ていると、明石家さんまさんのスゴいところと言えば、次から次に出演者にツッコミを入れ、爆笑を取りまくる姿をイメージされる方が多いと思います。でも私が番組の収録中に最も感激したことは、さんまさんの抜群にうまい話の聴き方です。

とにかく、話を聴くときの相づちがスゴいのです。

「**ほっ！**」「**それで！**」「**おっ！　わかるよ**」「**はぁ～！　なるほどな～**」というように、さんまさんならではの「**共感の相づちの言葉**」をポンポンと連発されます。

共感の相づちの言葉をはさむことで、番組出演者を気持ち良くして、話をどんどん引き出すのです。超大物タレントなのに、前のめりの姿勢で話を聴き、ときには「**ホンマでっか!?**」と大きく驚くリアクションをとったり、誰よりも大きな声で倒れ込みながら笑ったりします。

話しているこちらのほうは、とても心地良い気分になれます。このように相手の話をしっかり聴いているからこそ、その後に爆笑を引き起こす的確なツッコミができるのだと思いました。

この本はクレーム対応の本ですので、明石家さんまさんのスゴい話はこの辺りにしたいと思いますが（笑）、さんまさんの「共感の相づちの言葉」は、クレーム対応にも間違いなく活かせると思いました。相手の話をしっかり聴こうとするから、理解しようとするからこそ、相手と良好な関係を築けるのです。

クレーム対応は特殊な業務と思われるかもしれませんが、基本的には人と人とのコミュニケーションです。ある意味、職場の気の合う同僚との雑談や家族との日常会話などと同じです。人間関係を良くする要素には、共感することが大きなウエイトを占めるのです。

日本一の心理カウンセラーで、日本メンタルヘルス協会の衛藤信之先生から、「**相手をわかろうとする姿勢が相手の心を開く**」と教えていただいたことがあります。

お客様の良き理解者になるためにも、共感しながら話をしっかり聴いてお客様の心をつかみ、失った信頼を取り戻すきっかけにして下さい。

「共感の言葉」のはずなのに！ ドツボにはまるNGワード

クレーム対応で、対応者本人は良かれと思って、よく使っている言葉のなかに、NGワードがいくつか存在します。これを使ってしまうと、お客様をさらに怒らせてしまう代表的なNGワード、それは次の2つです。

最悪のNGワード

「おっしゃるとおりです」「ごもっともでございます」

あらゆる業種で、クレーム対応者がこのような言葉を使っていると思います。私の取引先でもクレーム対応の現場で頻繁に使用されています。

しかし、この2つの言葉こそ、クレーム対応において最悪のNGワードです。

なぜダメなのか？

これらは**共感・理解ではなく、「同調を表す言葉」**だからです。同調とは、同意や賛成を表す言葉です。

つまり、「おっしゃるとおりです」「ごもっともでございます」は、お客様の申し出や指摘に対して「はいはい。お客様の言うとおり！」「そのとおりです。大賛成です！」と同調してしまっているためダメなのです。

この2つの言葉をクレーム対応で連発してしまったりすると、「そうか！　やっぱり私が言っていることが正しかった!!」「悪いのはこの会社だった！」とお客様は怒りのボルテージを上げていってしまいます。怒りの感情を増幅させたお客様はその後、対応者に対して、「そんな対応では私の気が済まない」「謝って済む問題ではないぞ！」と、本当は謝って済む問題まで、そう言うようになってしまいます。

お気づきになられたかもしれませんが、**実は同調の言葉とは、「全面謝罪」しているのと同じ**なのです。第3章で「全面的に謝るのではなく、部分的に限定付き謝罪を使う」ことをおススメしましたが、「おっしゃるとおりです」「ごもっともでございます」という言葉を使うと、全面謝罪になってしまいます。

この、全面的に非を認めたかのような対応では、お客様に顧客心理が働いて、「自分のほうが対応者（企業）より立場が上だ」と考えて、一生懸命対応している対応者のことを見下すようになります。

クレーム対応で最も怖い、一番避けたいお客様との関係性は、対立する関係以上に「上下関係」をつくってしまうことです。

上下関係をつくってしまうと、お客様は100%、自分の立場が上であることを全面に出しながら、自分の要望どおりの解決策が出てくるまで許そうとしません。これでは、クレーム対応がいつまで経っても終わりません。

「すべての非を認めて、そんなに悪いと思っているのなら、この責任を一体どう取るつもりか⁉」と、お客様は余計に強気な態度に出てくるのです。

お客様との関係は「対等」で大丈夫！

私は、クレーム対応のお客様との関係性には上も下もない、と思っています。

意外だと思われるかもしれませんが、クレーム対応のシーンでもお客様との関係は「**対**

等」でよいと考えています。ではなぜ、対等でよいのか？

それは、クレーム対応者は「**お客様の良き理解者**」であるべきだからです。

自分たちがわざとお客様に損失を与えようとしたことが原因のトラブルなら、それは犯罪です。その場合は加害者になるので、お客様より立場が下になって罪を償う必要があります。

でも、クレームを受けたといえども、何も犯罪を行なったわけではないはずです。

お客様のために一生懸命やっていたにもかかわらず、「自分たちの説明に不足があった」「気をつけてはいたけれど、お客様にご満足いただけない対応だった」「もう少し配慮ができたかもしれないけれど、十分にできなかった」――。このようなことが原因でクレームは発生します。だからこそ、お客様との関係は対等でいいのです。

私がクレーム対応を２０００件以上行なってきてたどり着いた結論があります。

それは、お客様は目の前の問題を解決してほしいと思っていますが、それ以上に「**わかってほしい**」「**理解してほしい**」**からクレームを言う**ということです。

クレーム対応のやり方がわからなかったころの私は、お客様は目の前の問題を解決してほしいからクレームを言うものだと思い込んでいました。だから、解決策を出すことばかりを急いでいました。また、とにかく早く終わらせよう、早く許してもらおう、と考えていた時期もありました。

でも、解決策を早く出せば出すほど、お客様からこう言われました。

「アンタは何もわかっていない」

「あなたではダメ！　話のわかる人に代わって頂戴!!」――。

目指すべきは、**「この人はわかってくれた」「私の味方だ！」と、お客様からそう思ってもらえる対応者になる**ことだったのです。

クレームの裏側にはお客様の事情や背景が隠れている

クレームはなぜ起きるのか？

それは、お客様の大きな期待があったからだと前で述べました。

「この会社にお願いしたら、こうなるだろうと思っていた」「便利で快適な生活になるだろうと信じていた」「これくらいはきちんとやってくれるだろう」という期待をお客様は持っていたのです。

でも実際、期待していたものと全然違うと、「ガッカリだよ！」「残念だよ！」「期待外れだよ！」となります。このお客様の期待と現実のギャップ（落差）がクレームの正体です。

このギャップに失望して悲しんでいるお客様の気持ちを理解しなければいけません。お客様の失望感を理解しようとして、しっかり共感しながら話を聴いていると気づくことがあります。それは、クレームはお客様ならではの**事情**や、対応者側（企業側）が想像もしなかったような**背景**、さらには、その商品やサービスを手に入れてお客様はどうなりたかったのか、つまりお客様の「**なりたかった姿**」です。

これらをしっかり理解することが大切です。

「イルカが思ったより上に飛ばなかった……」

ここで紹介するお話は、ある水族館のイルカショーへのクレームの事例です。ご家族で来館されたお客様から、その水族館の公式サイトに「イルカショーのイルカが思ったより上に飛ばなかった……。イルカのやる気がなかった」という内容の書き込みがあり、この書き込みへの対応に関して、水族館のクレーム担当者から相談を受けました。

そこで、第3章でも説明したウェブやSNS上においてお客様からの指摘（申し出）の主旨がわからない場合の対応法として、次のように返信回答してもらいました。

意味不明な投稿に対する対応例

「ご指摘、誠にありがとうございます。もう少し詳しくお話を聴かせていただきたく存じます。お手数ですが、当社お客様相談室 0120-○○○-○○○○までお電話いただきましたら、私○○が担当させていただきます。ご連絡、心よりお待ち申し上げております」

この返信回答の翌日、書き込みをされたお客様（ご家族のお母さん）から担当者宛てに電話が入りました。その担当者がお客様から話を聴いて、「イルカが思ったより上に飛ばなかった」という書き込みをされた理由がすぐにわかりました。

このお客様は、イルカが見事なジャンプ力で華麗に飛んでいるシーンを映した、その水族館のテレビＣＭを見たお子様から、「夏休みにはイルカショーを見たい」とせがまれて、家族４人でその水族館に行くことになったようでした。

クルマで水族館に向かっている途中の家族同士の会話で「イルカがあんなに高く飛ぶなら着水したときに、ものすごく水が飛んできて、服とかビショビショに濡れるんじゃない⁉」と盛り上がっていたご様子。でも実際には、テレビＣＭのイメージとは違って、期待していたほどの高さまでイルカが飛ぶことはなかった——。そのため、お子様がとてもガッカリされて帰宅することになった、というのがクレームの主旨だったのです。

このクレームには、お客様の事情や背景、そしてお客様の「なりたかった姿」がやはり存在していたのです。

これらを聴いた担当者は、さらに共感しながら、次のような言葉を投げかけました。

共感の言葉

「ご家族の皆様で楽しみにされていたのに、ご期待に応えられなかったのですね」
「お子様に喜んでもらいたいと、わざわざお越しいただいていたのですよね」
「私も子供がおりますのでお気持ち、痛いほどよくわかります。私もお話を聴いていてとても悔しいです」

お客様の話に共感して、クレームを言ってきたお客様の事情と背景を理解できたからこそ伝えることができた、素晴らしい「**共感の言葉**」ばかりでした。

この共感の言葉によって、お客様もわかって下さったようで、その後は、この水族館のペンギンが可愛かったこととか、見たこともない深海魚にお子様が喜んでいたことなど、その水族館で楽しむことができた話もしてもらえて、最後は「また行きます」とお客様が明るくおっしゃって電話を切られたそうです。

この事例の対応はまさに、クレーム客をファンに変えてしまう、「一流のクレーム対応」と言えます。

クレーム対応に必須の「理解しようとするマインド」

クレーム対応は、テクニックだけではうまくいきません。

「私はクレーム対応には自信があります」と言っている人に限って、余計なことをお客様に言って対応に失敗しています。

「自分が同じことをされたらどう思うか？」というお客様視点のマインドが必要です。お客様の怒りを笑顔に変えるためには、お客様と同じ気持ちになる必要があります。

実は、クレーム対応で１００％お客様の要望どおりの解決策を出すのは難しいものです。先ほどの例のイルカが高く飛ばなかったことに対する具体的な解決策というものはありませんし、家族の大切な時間はもう取り戻せません。だからこそ、クレームになった背景を読み解いてそこに共感する、お客様の気持ちに寄り添うことが大切なのです。

クレーム対応は解決策で勝負しない。どれだけわかり合えるかが重要です。

クレームを怖がったりしないで、きちんと話を聴こうとする姿勢をお客様に示せば、きっと失った信頼を取り戻すことができます。怖いと思いながら、震えながらでも一歩踏み出すことが、クレーム対応に必要な心構えです。

どんなときでも部分的なら共感はできる

お客様からのクレームの内容に対してすべてを共感するのは、「ちょっと、やりすぎなのでは?」と思う方もいらっしゃると思います。

では、そのような場合はどうすればよいのか?

どう考えても常識的におかしいと思うような申し出や指摘に対する共感の方法として、「**部分的共感**」をおススメしています。「おかしいのでは?」「ちょっと無理があるのでは?」とツッコミたくなるような指摘を受けた場合はこう切り返して下さい。

部分的共感の言葉

「お客様がそういうお気持ちでいらっしゃること自体、よく理解できます」
「そういうお考えでいらっしゃる、ということ自体、私もわかります」

ポイントは「**自体**」という言葉です。自分はそう思わないかもしれないようなことでも、「そうは思いません」「お客様、お言葉ですが……」と反論するよりは部分的にでも共感するコミュニケーションをとるようにして下さい。「お客様がそういう気持ちでいらっしゃるということ自体は理解できます」などのような言葉を使います。

正確に言うと、共感というより「**協調**」と捉えていただいても構いません。クレーム対応をしていると、どうしても対応者側が考えることと異なる考えを持ったお客様はいらっしゃいます。そのようなお客様には「それは違います」と反論するより、全面的に共感しなくても、部分的共感によってお客様に歩み寄って良い関係を築こうと考えていただきたいのです。

これは、今でこそ笑い話になりましたが、私の講演に参加された方から、「谷さんが今まで対応してきて、一番怖かったクレームは何ですか？」と質問されたときに必ずお話しする仰天エピソードです。お客様相談室時代にホテルや旅館へのクレーム担当をしていたときの体験なのですが、何だと思いますか？

怖いお客様から呼び出されて5時間軟禁されたこと？

興奮したお客様から胸ぐらをつかまれて殴られそうになったこと？

これらも実際、体験しましたが（笑）、もっと怖かったクレームがあります。

それは、「旅館の露天風呂がぬるい」というクレームです。

露天風呂から見える景色も絶景で評判の良い、人気の宿にお盆時期に宿泊された年輩の男性のお客様から、「今、露天風呂に行ってきたけど、やけにお湯がぬるい。風邪をひきそうだ」というご指摘がありました。

夜10時過ぎで旅館のフロントに誰もいなかったようで、お泊まりのお部屋から直接、私の会社に電話がかかってきました。かなりお酒に酔っていたご様子で口調もとても乱暴だったことを記憶しています。

実は、この旅館のお風呂は源泉かけ流しで、むしろお湯が熱いのです。「お湯が熱すぎて長く浸《つ》かれなかった」とアンケートに書かれることが多い露天風呂なのに、このお客様のご指摘は、真逆の「ぬるい」「風邪をひきそうだ！」でした。

お客様の話を慎重に聴き進めていくうちに、私は途中でとんでもないことに気づきました。それは、**お客様が「ぬるい」と感じたのは露天風呂ではなかったのです！**

この旅館の「中庭にある池」でした（笑）。

ぬるいどころか冷たかったはずです。大きな錦鯉も泳いでいたでしょう。

「何でやねん、このお客さん、酔っていても普通はそれぐらい気づくやろ……（心の声・関西弁バージョン）」

そんなツッコミの言葉が頭の中でぐるぐる回りました。お客様のこの大きな勘違いを指摘してよいものだろうか？　指摘しても恥をかかせるだけだな……、どう伝えようか必死に考えて思わず出てきたのが、次の言葉です。

部分的共感の言葉

私

「楽しみにされていた露天風呂でご期待に応えられなかったのですね。お湯がぬるいとそう感じられたこと自体、私も残念ですし、お客様のお気持ち、よく理解できます」

お客様

「わかってくれたらそれでいい。このままだと風邪をひくからもう寝る。明日、支配人にお前からちゃんと言っとけよ！」

こうして、電話は無事に切れました。

部分的共感には「**お客様のプライドを傷つけない**」というメリットがあることを、身をもって実感しました。「それって池ですよ。お客さん！　それは風邪をひきますよ‼」と言ってしまったらどうなっていたか？　今、想像するだけでも背筋が寒くなります（笑）。

共感はしても同情はしない

クレーム対応では、様々な事情を抱えたお客様がいます。そして、先ほど、どんなときでも、（部分的なら）共感できると述べました。でも、決して**同情はしないで下さい**。

特にご家族の事情や病気などの個人的な事情を全面に押し出してくるようなクレームを

言うお客様に深入りしてはいけません。

私自身も、次のようなクレームの相談を受けたことがあります。

産地直送の通販会社で商品の誤配送があり、コールセンターへクレームが入りました。その際にお客様から、「震災のときに家がなくなった。こんな落ち込んでいるときに商品を間違って送ってこられて、さらに嫌な気持ちになりました。この気持ち、わかりますか?」と一方的に、お客様自身の生活の事情を訴えてくるクレームでした。

家がなくなったことは大変お気の毒なことですし、それに関してはお客様の気持ちをお察しすることはできます。ただ、家がなくなったことと、商品を誤配送してしまってご不便をおかけしたことはまったく別問題です。

このお客様の言葉に引きずられて、同情してしまった対応者が「このお客様、とても気の毒なのです。サービスで何か(おまけを)お付けすることはできないでしょうか?」と、そのコールセンターの責任者に相談してきたのです。

会社の判断として、誤配送が理由でお届けが遅れてしまったことに対してのお詫びの意味でサービスを付加することは考えられますが、お客様の訴えの言葉に同情しすぎてしまうのには賛成できません。

お客様が抱えている事情やクレームの背景を理解することは重要だと説明してきましたが、それとともに必要なことは、メモを取って入手した**クレームの事実と直接的な背景の**

みに目を向けるということで、ここからブレてはいけません。

事実確認と要望確認のポイント

ここからは、ステップ3の「**事実確認と要望確認を行なう**」について説明します。メモを取って共感しながらお客様の話を聴く過程において、確認しておきたいポイントがあります。大きく分けて、次の4つです。

「従業員の対応が良くなかった」とクレームが入った場合の確認事項

（1）いつ、どこで
（2）何があったのか〈事実〉
（3）何に対して怒っているのか
（4）どうしたいのか〈要望〉

仮に店舗で、突然のクレームが発生して、メモを取ることができない状態になったとしても、この4つのポイントは押さえるようにして下さい。自分の解釈でメモを残すのではなく、**お客様の言葉をそのまま記録する**ようにして下さい。
最近では、次ページに示したようなクレーム対応用の所定のフォーマット用紙を活用して事実と要望の確認をしている企業も増えています。

事実と要望の確認をしていると、対応するべきポイントが見えるようになります。さらに、メモも取っていれば、お客様のクレーム内容を〝見える化〟できます。
例えば、「商品を使ってケガをしたので、解約したい」というクレームが入った場合、メモをしっかり取って事実確認ができていないと、次のように最後の「解約したい」という言葉に引っ張られてしまいます。

アウトな対応例

お客様　「おたくで買った商品を使ってケガをしたので、解約したい」
対応者　**「お客様、この商品につきましては6か月間解約できないので、違約金が発生してしまいます」**
お客様　「お前のところの商品でケガをしたんだぞ！　違約金なんか知るか!!」

これは実際にあったケースです。このような対応をしてしまったことで、その後、「お

◎クレーム対応時の事実・要望確認用フォーマット◎

(1)　いつ、どこで
＊店頭 or 電話

(2)　何があったのか〈事実〉
＊お客様が話された内容をそのまま書き残す。
　省略したり自分の解釈でまとめたりしない

(3)　何に対して怒っているのか
＊クレームの背景・気になったお客様の言動など

(4)　どうしたいのか〈要望〉
＊ひと言、言いたかった、わかってほしかったのか
　or 具体的な要求はあるのか

以下は、引き継ぎやクレーム対応の記録として残すために用意しておきたい特記事項になります。

・**お客様情報**
①お名前　　②性別　　③ご住所　　④連絡先

・**お客様の様子、お怒り具合**
かなり大きい（攻撃的）　　大きい　　冷静
＊どれか１つに○をつける

・**対応結果・状況報告**
例）お話を聴いたうえで、お詫びをしたことでご納得いただいたご様子で、電話を切られた

前ではダメだ！　上司を出せ!!」と大きなクレームに発展してしまいました。

このケースでも、もし事実確認がしっかりできていれば、お客様がケガをしたことと、お客様が商品を解約したい、という2つの申し出があったことがわかります。

つまり、クレームの原因になった事実は、「商品を使ってケガをした」ことです。その結果、お客様の要望として「商品を解約したい」という申し出になったという因果関係がわかるわけです。

「なぜケガをされたのか？」「ケガの具合は今一体どんな状況なのか？」という事実にフォーカスして共感の言葉を投げていけば、話を詳しく聴けるようになります。

効果的に質問する

お客様の話をメモしながら事実と要望の確認をするときのポイントとして、次のような対話法を身につけると、お客様の言いたいことがよくわかります。

お客様の話を確認する対話法

「○○ということで宜しいでしょうか？」「○○ということですね」

（例）

対応者「私どもの対応者が○○と言ったということでしょうか？」

お客様「そうです！」

選択質問を使って、お客様の話を確認する対話法

「お客様がおっしゃりたいのは○○ですか、それとも○○ですか？」

お客様の話を要約する対話法

「つまり、○○ということで間違いないでしょうか？」

（例）

対応者「結局、1時間お待ちいただいたということで間違いないでしょうか？」

お客様「そういうことです」

お客様が何を言いたいのかがわからない場合の対話法

「お客様が一番お困りになっているのは、何でしょうか？」

そもそも、お客様はどうしたかったのか？

お客様の要望、つまり、お客様がどうしたいのかについては、お客様から直接お申し出にならないケースもありますが、話を丁寧に聴いていくと自分たちが何をするべきかが自然にわかってきます。お客様の要望は大きく分けて2つあります。

（1）「苦情として、とにかくひと言、言いたかった」「わかってほしかった」場合
（2）具体的な解決策が必要な場合

（1）「苦情として、とにかくひと言、言いたかった」「わかってほしかった」場合

この場合は、お客様から具体的な要望は出てこないのですが、（おたくらのせいで）「嫌な気持ちになった」「大変だった」「不安な気持ちにさせられた」「心配させられた」ということを、お客様はただ伝えたかったのです。

このようなケースにおける事実と要望の確認メモの取り方は、次の例のとおりです。

①　いつ、どこで
○月○日の午後に来店された際
②　何があったのか〈事実〉
レジ担当の従業員の対応が悪かった
③　何に対して怒っているのか
商品交換時にとても面倒くさそうな対応だった
いつも使っているのに、その態度にムカついた
④　どうしたいのか〈要望〉
こんなことがあったら困る。不満を伝えたかった

（2）　具体的な解決策が必要な場合

お客様から具体的な要求があった場合は、交換・返金・原状回復やアフターフォローでの解決を図れるかどうかを検討するようにしましょう。

このケースにおける事実と要望の確認メモの取り方は、次の例のとおりです。

①　いつ、どこで
○月○日の午後に電話が入った
②　何があったのか〈事実〉
昨日買ったスーツのボタンが取れていた
③　何に対して怒っているのか
不良品をなぜ販売する。普通は気づくだろう
今日、着ていくつもりだったのにガッカリした
④　どうしたいのか〈要望〉
商品をすぐ交換してほしい。家に届けに来い

（1）（2）のどちらの場合も、事実と要望の確認ができたら、改めてお客様の気持ちに寄り添う言葉を次のように投げかけます。その際、「お詫びの言葉」と「共感の言葉」を使うようにして下さい。

お詫びの言葉と共感の言葉

「いつもご利用いただいておりますのに、大変失礼な対応があったということがよくわかりました。心よりお詫び申し上げます」
「大変な思いをされたということ、よく理解できました。そんなことがあると、ご心配になりますよね」
「お客様を不安なお気持ちにさせてしまいましたこと、改めてお詫びいたします」

「ちゃんと自分の話を聴いてくれてわかってくれた」「逃げずに正直に非を認めてくれた」と思ってもらうためにも、このような言葉をお客様にしっかり伝えて下さい。

先日、新しくパソコンを買い替えたのですが、1週間くらい経過したころに充電ができないことがわかり、すぐに購入した家電量販店に行ったことがありました。

修理コーナーの担当者の方が私の一通りの説明を共感しながら聴いてくれて事実確認と要望確認をした後の言葉がこうでした。

気づかいの言葉

「せっかくお買い上げいただき、これからというときに大変ご不便をおかけしました。お仕事に支障はきたしませんでしたか？」

正直に言えば、仕事には支障をきたしていました。「不良品をつかまされた」と腹を立てていました。でも、この**「気づかいの言葉」**に「この人、ちゃんとわかってくれている」と嬉しくなりました。思わぬ当たりくじでも引いたような気分になったことを覚えています。

事実確認と要望確認ができた後のお客様の期待を超えるような「気づかいの言葉」には、それだけでお客様の心を癒す効果があるのです。

どんな解決策を出すかよりも、どう出すか

ステップ4の「**解決策を提示する**」に関しては、お客様の**了承**を得てから解決策を出すようにしましょう。

お客様の話がすべて終わったタイミングで、次のような「**了承を得るための言葉**」を投げかけて下さい。

了承を得るための言葉

対応者「**お話、よくわかりました。私からこのまま話をしても宜しいでしょうか？**」

お客様「あぁ、いいよ」

このように、「了承を得るための言葉」の後に、お客様から「**了承の言葉**」を言ってもらって、はじめて自分たちの言い分や解決策に関して話を進めるようにして下さい。

クレームの種別に分けて、「了承を得るための言葉」の例を挙げておきます。

（1）「苦情として、とにかくひと言、言いたかった」「わかってほしかった」場合

了承を得るための言葉

「ご指摘いただき、私どもに至らない点がありましたことを心よりお詫び申し上げます。お客様からのご指摘を社内でも共有して従業員の接客力の向上に努めてまいります。ご了承いただけますでしょうか？」

（2）具体的な解決策が必要な場合

了承を得るための言葉

「このたびは、大変お手数をおかけしましたことを深くお詫びいたします。このようなことになり、お恥ずかしい限りです。この後、お客様のご自宅に商品をお届けさせていただきたく存じます。いかがでございましょうか？」

解決策を伝えるときのポイントは、解決策を提示した後にも、「了承を得るための言葉」を入れて、お客様から了承をしっかりもらうことです。

つまり、解決策提示の際には、①**解決策を出す前**と、②**解決策を伝えた後**の2回、お客様から了承をもらうことになります。

「従業員の接客力向上に努めてまいります」「ご自宅に商品をお届けさせていただきたく存じます」というように、一方的に言い切る表現は避けて下さい。

「ご了承いただけますでしょうか」「いかがでございましょうか」と伺いを立てて、お客様から「わかりました」「じゃあ、そうして下さい」と了承を得ることを忘れずに必ず実践して下さい。

説得ではなく納得してもらう

私が代表理事を務める一般社団法人日本クレーム対応協会では、「クレーム・コンサルタント養成講座」という、企業内でのクレーム対応の専門家を養成する講座を開講しています。

受講者の方には、いつも事前アンケートとしてクレーム対応の経験だけでなく、自分自身がどんなクレームを言ったことがあるのかを質問しています。

そのアンケートの目的は、逆の立場に立ってクレームを言うお客様の気持ちを理解していただきたいからです。このアンケートで興味深い回答結果が出ています。

次ページのアンケート結果にもあるように、企業のクレーム対応で腹が立った理由の第1位が（クレームを言っているのに）「最初に謝罪がなかった」、第2位が「ちゃんと話を聴かない」でした。

まさにクレーム対応はオープニングの限定付き謝罪と、共感しながら話を聴くことが大切だと言い続けてきた私にとっては、背中を押してくれるようなアンケート結果でした。

また驚いたことに、「クレーム対応では最初に謝ってはいけない」と考えている企業の方ほど、「最初に謝罪がなかった」と回答されています。本当に不思議なものです。

◎クレーム・コンサルタント養成講座のアンケートとその結果◎

Q　クレームを言ったとき、相手企業の対応で腹が立ったことに何がありますか？

第1位　：　最初に謝罪がなかった
第2位　：　ちゃんと話を聴かない（言い訳された。こっちではわからないと、たらい回しにされた）
第3位　：　解決策を一方的に押し付けられた（お金で解決しようとする。これしかできないと言い切られた）
第4位　：　悪いという気持ちが伝わってこない（自分のせいじゃないのに、私に言われても、という態度が顔に出ている）
第5位　：　反論してきた。悪質クレーマー扱いをされた

（＊フリー回答、1,000サンプル、日本クレーム対応協会調べ）

そして第3位には、「（対応者側から）解決策を一方的に押し付けられた」が入ります。一方的に企業側の都合を押し付けられると、お客様は自分が軽視された気がして不快になるということです。

解決策を伝えた後、了承を得ずにクレーム対応をクロージングしてしまうと、その場ではお客様が納得したかのような顔をされてお帰りになったとしても、その後に押し付けられたことに怒りが込み上がってきて、その会社の本社やお客様相談室に電話をかけて再度クレームを言うケースが少なくありません。

恥ずかしながら、私はお客様相談室の責任者時代に、「お客様対応が無事完了しました」といった部下からの報告を真

に受けて安心していると、後日、そのクレームを言ってきたお客様と思われる方から「責任者を出して！」との申し出があり、「自分たちの都合を押し付ける事務的で冷たい対応でしたけど、どんな従業員教育をされているのですか！」などと、お叱りを受けることがよくありました。

それは、最初の了承をもらうことはできていても、2回目（解決策提示後）の了承が得られていなかったためです。**クレーム対応のクロージングでは、お客様を説得するのではなく、お客様に納得してもらう**ことが重要です。

そして、お客様から了承を得たら、「ご了承いただき、ありがとうございます」というように、感謝の気持ちを伝えることを忘れないようにしたいものです。

「金返せ！」と言われたらどうする？

お客様の要望で「お金を返せ！」というクレームにはどう対応するのか？

その答えは1つです。**判断基準を決めておく**ということです。その判断基準は、お客様との約束を果たすことができたかどうかを基準として考えて下さい。契約の内容どおりだったかどうか、契約が履行されたか否かで判断するのが良いと思います。お客様に言われたから、お金を返すのではないということです。

例えば、ネット通販でお客様から注文を受けて発送した桃10個のうち、3個が腐っていた場合、これはお客様との約束を果たしていません。契約不履行です。

本来、10個分の代金をいただいているにもかかわらず、7個しか提供できていないことになるので、その差額を返金するか、あるいは新たに3個をお届けするかという解決策をお客様に提示することになります。

一方、お届けした桃10個が「美味しくなかった」「色味が悪かった」というクレームに関しては、10個提供するというお客様との契約（約束）は履行されています。この場合、お口に合わなかった、色合いにご満足いただけなかったことに対する謝罪にとどめ、返金までする必要はないと考えるのが妥当です。

クレームで従業員が怒られるムダな時間を使うくらいなら、お金を返したほうが手っ取り早いと考えている会社も少なくないのが現状です。これは、ダメなクレーム対応と言わざるをえません。

あるドラッグストアでお客様から「花粉症の薬の効果がなかった。何の役にも立たなかった」と大声でまくし立てられたことで、恐怖心にかられ、すぐに返金の手続きをしようとした薬剤師さんがいました。

ところが、そのような対応では、「アンタは何もわかってない。金で解決しようとしやがって！」と、お客様はさらにお怒りになります。

このようなケースでは、お客様はお金を返してほしいと思う以上に、薬の効果がなかったことにガッカリしていると冷静に判断することが大切です。お客様は目の痒みと鼻水を止めてほしい、花粉症で仕事にならないのが悩みで薬の効果に期待していたのです。

お客様の要望はここにあるわけです。

このお客様の要望に応え、あるいはお客様の抱えている問題を解消するために、この薬はあまり効き目がなかったかもしれないので、目薬や花粉を完全防備できるマスクを紹介したり、少しでも部屋に花粉を持ち込まない方法を提案したりするなど、プロとしての解決策を出すことができれば理想的です。これこそが薬剤師に求められることでしょう。

このとき、お客様はなぜクレームを言ってきたのか（事実）、何を求めていたのか（要望）を確認して、解決策を出すという軸からズレないようにして下さい。

「できること」と「できないこと」を明確にする

クレーム対応でお客様の話を聴くときは、**過大要求**（**不当要求**）や**理不尽な要求**と思われるものが出てくることを想定しておいて下さい。

理不尽なことを言われたと感じても、悪質クレームなのではないかと身構える必要はありません。

自分たちが**お客様に対して「できること」と「できないこと」を明確にする**ことを意識して下さい。実例を紹介しながら、具体的に説明しましょう。

●大型スーパーで起きた60代男性からのクレーム(電話)のケース

「昨日、おたくで買った鍋の取っ手のネジがはみ出していて、手をケガして病院で2針縫った。治療費と慰謝料を合わせて3万円払え！　もし、ウチの孫がケガをしたらどうしてくれる！　この鍋は不良品だから、ちゃんとした高級鍋と交換しろ！」

皆さんなら、このクレームに対して、どのような解決策を提示しますか？

このクレームの場合、お客様からの要求は、「治療費と慰謝料を合わせて3万円払え！」と、「鍋が不良品だから、ちゃんとした高級鍋と交換しろ！」という2つです。

まず1つ目の要求「……3万円払え！」について、お客様のケガや食料品での体調不良などの健康危害に関するルールは必ず事前に決めておく必要があります。

このケースのように病院で2針縫ったということが事実であれば、「**お客様のおケガの**

状況はいかがでしょうか？」と、**労りの言葉**を投げかけたうえで、「病院での診断書をご用意いただければ治療費をお支払いする」という対応でよいと思います。

ただ、慰謝料について言えば、お客様本人しかわからない精神的な苦痛に対してはお金を払わずに、嫌な気持ちを与えてしまったことに謝罪する、という対応でよいと思います。

2つ目の要求「……高級鍋に交換しろ！」については、過大要求だと判断してよいでしょう。確かにお客様自身がケガをされ、お孫さんのことを心配される気持ちもよくわかりますが、高級鍋への交換は不当な要求に当たります。

このケースの解決策としては、高級鍋への交換は行なわないで、返品、もしくは同じ商品との交換を提示することになります。

ここが POINT

「できること」と「できないこと」を明確にする

○ できること　治療費の支払いと商品の交換・返品

× できないこと　慰謝料の支払いと高級鍋への交換

このケースの解決策提示の例（実際に提示した内容）

「お買い上げいただきましたお鍋は一度回収させていただきたく存じます。

おケガに関しましては、病院での診断書をお預かりできましたら、治療費を早急にお支払いさせていただきます。

慰謝料のお支払いと高級鍋への交換につきましては、お客様のご要望に応えられず心苦しい限りですが、今回お買い上げいただいたお鍋と同じものに交換させていただくか、返品の対応をさせていただけましたら幸いです。ご了承いただけますでしょうか」

この解決策提示の例では、慰謝料の支払いと高級鍋への交換というお客様の要望に応えられないことを伝えてから、最後に交換・返品の対応が可能であることを伝えています。

このように、「できないこと」を先に伝えて、「できること」で最後を締めるようにすると、お客様に前向きな印象が残りやすくなります。まさしく、一流のクレーム対応の技法だと言えます。

補足ですが、理不尽だと感じられるクレームには、「もし、ウチの孫がケガをしたらどうしてくれる！」などのように、「もし、○○だったら……」というまだ起こっていない仮定の話を持ち出して不平や不満を訴える言葉が出てくることがあります。

実は、この一見、**理不尽に感じる言葉にこそ、お客様の最大のお怒りポイント、クレームになった大きな原因が表れている**のです。この対応策として、先ほどの例で言えば、次のように仮定の話に対しても「共感の言葉」を投げかけることをおススメします。

共感の言葉

「お孫さんのことを考えますと、お客様がそうご心配になるお気持ち、とてもよくわかります」

特に、「できること」と、「できないこと」が混在している場合などは、それを配慮して、共感の言葉を投げかけてから解決策を伝えるのが効果的です。

どうしても何もできないときの伝え方

当然ですが、お客様のクレームの要望内容によっては、すべて対応できない、つまり**解決策が存在しない**ケースもあります。

その場合でも、簡単に「できない」とは言わずに、お客様に、その現実をどう伝えるかを慎重に検討したいものです。

解決策がない場合の対応例

（A）「大変申し訳ございませんが、高級品への交換はいたしかねます」
（B）「高級品への交換はいたしかねます。大変申し訳ございません」

（A）の伝え方でもNGではありませんが、（B）の伝え方のほうが謝罪の気持ちと気づかいの気持ちがお客様に伝わりやすいと私は考えています。

たとえ、**お客様から理不尽であったり、非現実的な要求があったとしても、できないことが強調されるより、「要望に応えられず申し訳ない」という気持ちを強調した（謝罪や気づかいの言葉で終わる）ほうが、お客様は解決策がないという現実を受け入れやすくなります。**

一流は知っている、怒りを笑顔に変える「3つのツボ」

お客様の怒りを笑顔に変えるために、私は解決策を提示するときに、次の「3つのツボ」を押さえて、解決策を段階的に考えるようにしていました。

（1）お客様の話を聴いて、やらないといけないことや、要望されていることを確認する
（2）そのうえで、「できること」と「できないこと」が何かを明確にして、解決策を提示する
（3）さらに、お客様から要望されていなくてもできること、お客様にやって差し上げたいこと、お客様に喜ばれることをする

（1）と（2）については、すでに説明しましたので、ここでは省略します。

ポイントは（3）です。お客様から直接要望されなくても、自分たちがプロとしてできることをやる。お客様に対して**「尽力する」「支援する」**という考え方やマインドを持たなければいけません。

私のクライアント先で、「尽力する」「支援する」ことを見事に実現している会社の事例を2つ紹介します。私がアドバイスしている解決策提示の方法を、実際にクレーム対応マニュアルとして導入していますので、ぜひ参考にしていただければと思います。

●ウェブ予約専門の旅行会社のケース

「泊まりたいホテルの部屋を予約したいけれど、空いている部屋がない」というクレームに対して、先ほどの「3つのツボ」に当てはめて考えると、次の手順になります。

> **（1）お客様の要望** ↓ 希望のホテルの部屋を予約できるようにしてほしい！
> **（2）できないこと** ↓ すでに部屋は満室状態で予約のお手伝いができない
> **できること** ↓ 近隣の空室があるホテルを探し、代案として提案する
> **（3）お客様に喜ばれること** ↓ 一度、お客様の第一希望のホテルに直接電話を入れて、空きがないか、急なキャンセルが発生していないかをダメ元でも確認する

この旅行会社では、仮に（2）の近隣のホテルの部屋の予約が取れない場合は、ダメ元でも、必ずお客様の第一希望のホテルに直接連絡して、空室を確認する（3）の対応を実践しています。

実は、ネットでの予約状況は最新の情報に更新されていない場合が多いので、そこを見越して、手間がかかっても、必ずお客様のために空室状況を確認しています。

仮に、電話で確認して部屋が予約できなくても、その姿勢にお客様は「自分のために動

いてくれた」と感激され、対応に満足してもらえます。

●外資系包丁メーカーのケース

「最近買った包丁が全然切れない」というクレームでは、「3つのツボ」を押さえて考えると、次のような手順を踏むことになります。

（1）**お客様の要望** ↓ 不良品ではないか！ 商品をすぐ交換してほしい！

（2）**できないこと** ↓ 使用済の包丁に関しては交換や返品を受け付けていない

できること ↓ その包丁がよく切れる使い方を電話で説明する

（3）**お客様に喜ばれること** ↓ ほかの会社の商品だが、その包丁メーカーの取引先の飲食店で評判が高い研ぎ石との併用を提案する

この包丁メーカーでよくあるクレームは、新品の包丁が「切れにくい」というものです。海外製ということもあり、少しコツをつかまないとうまく切れないようで、それがお客様に「切れにくい」と切れ味を悪く感じさせる原因の1つになっていました。

そこで、その包丁メーカーのホームページ上では、よく切れる使い方を情報ページで公

開して、そのページを案内しながら実際によく切れる使い方を電話で伝えるためのマニュアルも用意したところ、代表電話に誰が出ても同じ対応ができるようになりました。

面白いのが、（3）の、他社の研ぎ石を使えば包丁の切れ味がさらに持続する、という他社商品との併用を提案しているところです。「あの有名な銀座の『○○鮨』の板前さんも使っているそうです」などの情報を加えたところ、お客様にとても好評だということです。

市役所や区役所でよくある残念な対応

最近、市役所や区役所など行政機関の職員の方を対象に、クレーム対応の研修の講師を数多く担当させてもらっています。行政機関は法的な制約もあり、業務の都合上、できないこと、やってはいけないことが少なくありません。そのような状況と事情はよくわかるのですが、住民に対して、「それは無理です」「決まりですので……」「期日をお守り下さい！」と一方的に言い切る職員の方が残念ながら多いように感じます。

しかし、どんな事情があるにしても、住民の声に耳を傾け、何かできることはないかを少しでも考えることはできるはずだと私は思っています。

仮に、申請期限を過ぎた書類の申請者に対し、「**申請の期限が昨日までなので、対応で**

きません」とあっさり突っぱねることは、誰でもできます。でも、このような対応をされた住民のほとんどは、「**私たちの税金で給料をもらっているくせに、何だその態度は！**」と怒るでしょう。怒らなかったとしても、嫌な気持ちになることは間違いありません。

そうならないためにも一度、住民の話をしっかり聴いてほしいのです。

期限切れの申請をしてきた住民は、期限が間に合わなくて焦っているのです。期限が過ぎているのは本人もわかっています。でも、「何とかならないのか⁉」という気持ちで来所しています。もしかしたら、仕事を休んで朝一番で役所に来たのかもしれません。

「なぜ、今日になったのか？」「いつ気づいたのか？」を聴くことぐらいはできるのではないでしょうか。そうすれば、その住民の怒りが鎮まり、自分の非に気づいてもらえます。

対応者側（行政機関側）に非がないケースの場合、少し時間がかかっても対話をしっかりすることで、相手に不備があったことを理解してもらえます。

その住民が忙しくて期限があることに気づかなかったとか、期限を忘れてしまっていたという事実があるなら、その住民の落ち度を指摘するのではなく、改めてその落ち度を認識してもらうための対話をしていくことが重要です。そのうえで、「次はどうするか？」の解決策を相手（住民）と一緒になって考えていく姿勢を見せて下さい。

できることを全力でやればクレーム客がファンに変わる

過去に私自身がクレームを言ったときの体験談です。友人の子供（9歳の男の子）の誕生日プレゼントにおもちゃのサッカーゲームをプレゼントしたことがありました。ただ、このおもちゃの一部に不具合があり、説明書どおりに動きませんでした。それで、おもちゃメーカーにクレームを言いました。

そのとき、「こんな不良品は困ります。すぐに交換して下さい」と要望を伝えたものの、このサッカーゲームは人気商品のため、全国のおもちゃ店で在庫を切らしていました。また、工場で追加生産中だったので、交換には最短でも10日かかるという回答でした。

とても残念な気持ちになりましたが、この後、おもちゃメーカーの一流の対応によって、私のネガティブな感情は一変し、メチャクチャ感動したのです。

この緊急事態に、そのおもちゃメーカーが私に対してとった対応は、次のように、商品の取扱説明書には記載されていない、そのおもちゃメーカーだけが知っているゲームの裏ワザを教えてくれたことでした。

一流のクレーム対応

「お客様、実は、このボタンとレバーを同時に動かすと、ものすごく速いシュートが打てて、キーパーは一歩も動けません」
「ここのボタンを連続で押すことで、2人の選手を同時に動かすことができます」

まさに、クレーム客（この例では私）の100％要望どおりの解決策が提供できないなら、その他の手段でリカバリーしようとする企業姿勢に、一流のクレーム対応だと感心したものです。「今、商品の在庫を切らしているから待って下さい」と伝えるだけならやはり、誰にでもできます。お客様の要望に応えられない状況でも、自分たちがお客様に提供できることを全力でやって見せた感動的な一流の対応でした。

この対応がきっかけで、私はこのおもちゃメーカーの大ファンになりました。

クレーム・コンサルタントとして様々な業界と接点を持つようになった今、**クレーム対応をしっかり行なう業界と、そうではない業界の二極化が進んでいる**と感じます。

特に、おもちゃメーカーや菓子メーカー、テーマパーク・レジャー施設などの子供を対象にしている企業のクレーム対応は素晴らしいと思うことが多くあります。そして、そのような業界の方々は共通して、次のようなコメントをされます。

「お子様を悲しい気持ちにさせてしまうと、その親御さんや、おじいちゃん、おばあちゃんから強烈なクレームが来る。これは、仕方がない。大切なお子様、お孫さんを悲しい気持ちにさせてしまったので、とても理解できる。でも、それにもまして重要なのは、悲しい気持ちにさせてしまったお子様への心のケアやアフターフォローだ」

このコメントについて補足すると、例えば、遊園地やレジャー施設でお子様がとても嫌な思いをすると、そのお子様が大人になってからご自身にお子様ができたときに、「あっ、この遊園地、子供のころにすごく嫌な気持ちになったから、別の遊園地に行こう」と考えるからです。さらに、お孫さんができたときにも、「孫はあそこには連れていきたくない」と思われると、70年〜80年間ずっと悪い印象のままで、一生利用してもらえないことになります。

したがって、このような業界では、1回1回のクレームにしっかり対応して、お客様の自社へのネガティブな印象を少しでも挽回する努力をし、自分たちができることは全力でやるという意識が高いのです。

194ページで取り上げた鍋のクレームの場合、お客様に喜ばれる対応はアフターフォローになりますが、例えばクレーム後に来店されたときにしっかり挨拶をしたり、ケガの具合を考慮してお見舞いの品を送るなどの対応が良いかもしれません。

反論するときに効果的な「切り返しの言葉」

クレーム対応で、お客様に反論をしてもよい場合はあるのか？

もちろん、反論していただいて結構です。お客様を否定したり、お客様の話を遮ったりしてはいけませんが、自分たちの言い分を伝えないといけないときや、ご理解いただかないといけないときもあります。

ただ、反論したい場合や自分たちの言い分を伝えたい場合には、その前にどんな言葉を投げかけるかが重要なポイントになります。

アウト（残念）なクレーム対応者がよく間違って使ってしまう「反論の言葉」として、**「しかし」「ですけど」「さっきも言いましたけど」**などが挙げられます。これでは、お客様を否定しているニュアンスとなり、せっかく対話できるようになった関係が対立関係に戻ってしまいかねません。

反論や自分たちの言い分を伝える前に使ってほしい**「切り返しの言葉」**はいくつかあるので、例示しておきます。

反論前の切り返しの言葉

「誠に恐れ入りますが……」
「大変申し上げにくいことでございますが……」
「間違いがございましたら、お許しいただきたいのですが……」

このような切り返しの言葉を試してみて、その効果を確認して下さい。

さらに、一流のクレーム対応者を目指すなら、お客様に反論する前に、次のような「切り返しの言葉」を使う切り返し方をおススメします。

一流の反論前の切り返しの言葉

「お客様がお気を悪くされるのではないかと思い、なかなか言い出せなかったのですが、実は……」

このように、反論するときには、**少し長めの切り返しの言葉**を使うと効果的です。なぜなら、お客様に「今から反論しますけど、心の準備は大丈夫ですか」と言わんばかりに時間的な余裕を与えることができるからです。

私の経験上、反論する前の言葉は長ければ長いほど、お客様は聞き耳を立てるので、効果が上がります。ぜひ試してみて下さい。

思い込みや勘違いのクレームにはどう対応する？

クレームを受けたときに、お客様に反論したり、自分たちの言い分を伝えたりしなければいけないケースとして圧倒的に多いのは、お客様の思い込みや勘違いから発生したクレームに対してです。

クレーム全体の10～20％は、お客様の思い込みや勘違いから発生するというデータがあります。どんなにわかりやすい商品やサービスの取扱説明書をつくってお客様に渡しても、お客様はそれをきちんと読まずに勝手な使い方をして、「これ、もう壊れたのですけど……」などとクレームを言ってきませんか？

また、契約時、「ここまではプランに含まれておりますが、これ以上はオプションになりますので、お見積りを取らせて下さい」とあれだけ丁寧に説明していたにもかかわらず、「えっ！　これをお願いするだけで、またお金を取るのですか？　お金お金と、うるさいですね～」と、お客様は平然とクレームを言ってきます。

ですから、このような思い込みや勘違いによって発生するクレームの対応方法も習得しなければいけません。

「引きのトーク」を活用する

私は、お客様の思い込みや勘違いから発生するクレームに対しては、対応者側が**お客様のプライドを傷つけない**ことが重要だと思っています。そのためには、対応者側が**「引きのトーク」**を活用することが大切です。

「引く」ことがいかに大切なのかに気づかせてくれた私自身の経験談を紹介しましょう。

私が東京・有楽町の百貨店で、ジャケット、パンツ、Yシャツ、ベルトまで一式を購入したときのことです。会計時に私が提示したクレジットカードにエラーが出て使用できませんでした。限度額がオーバーしていたことに自分でもすぐに気づきました。でも、そのとき、店員さんがホスピタリティ度抜群の「引きのトーク」を投げかけてきたのです。

一流の引きのトーク

「こちらの機器に不備がございまして、ちょっと読み取れないようです。ご不便をおかけしております。もし宜しければ、ほかのカードか現金でお支払いいただくことは可能でしょうか?」

これは、クレーム対応のシーンではありませんが、「こちらの機器に不備があった」というお客様のプライドを傷つけない「引きのトーク」は、すごく勉強になりました。この一流と言える接客の「引きのトーク」は、クレーム対応にも応用できます。

お客様の思い込みや勘違いによるクレームに対しては、「お客様が勘違いしています」と、自分たちの正当性を主張するだけでは、事態を余計ややこしくしてしまいます。

この点に関して、ある保険会社のケースを交えて少し掘り下げてみましょう。

●保険会社のケース

契約内容について、お客様から「そんな話は聴いてない。知らない！」というクレームを受けたとき、次のようなアウト（NG）な対応をしたばかりに、事態がややこしくなりました。

アウトな対応例

対応者「お客様、この契約内容に関しては、こちらの書類にしっかり記載があります。お客様の印鑑も押していただいております」

お客様「何だ、その言い方は！　私が間違っていたかもしれないが、その言い方が気に入らない。私を誰だと思っている!!」

お客様の思い込みや勘違いがあったとしても、それを一方的に指摘してはいけません。自分に非があることに気づいたお客様はきっと論点を変えてくるでしょう。

お客様の思い込みや勘違いを指摘しても構いませんが、ただ、その後は自分たちの対応も不十分であったことを詫びる「引きのトーク」を使う必要があります。

つまり、お客様は勘違いしているけれど、自分たちの対応にも不足している部分があったことを明らかにして、謝罪するのです。ＯＫ対応の一例を挙げておきます。

ＯＫ対応例

対応者　**「お客様、実は、今ご指摘いただいた契約内容につきましては、契約書のこちらに記載があり、お客様のご印鑑も頂戴してございます。ただ、しっかりご理解いただくところまで説明できていなかったのは、当社の対応も十分ではなかったと思います。もう少し契約書の文字を大きくする等の対応が必要だったと反省しております」**

思い込みや勘違いをしているお客様を責めるだけではなく、自分たちもプロとしてもっとできることがあった、という姿勢をお客様に伝えるために、一方的にお客様を責めずに、自分たちも一旦引くことで、「**お互い様**」であることを強調するのです。主張するところは主張しながら、引くところは引くという手法です。

ただし、「自分たちの対応が十分ではなかった」とこちらの非を認めるだけになってしまうと、お客様も「そうよ！　どうしてくれるのよ!!」とまくし立ててくることがあるので、好ましい対応とは言えません。

私の経験上、主張しながら引くと、お客様のプライドを傷つけることなく、さりげなく思い込みや勘違いに気づいてもらえます。この方法によれば、「**あら、ホント。書いてあったわね！**」と、少し恥ずかしそうなリアクションをされるお客様が多いのです。

そのようなリアクションをされたら、すかさず自分たちのほうから「**いえ、でも私どももこれはしっかりやることが必要だと、とても勉強になりました**」と言ってみると、その後はお客様と笑いながら対話できたことが数多くありました。

繰り返しますが、クレーム対応は、やはりお客様との「対話」です。議論の場ではないので、勝ち負けは必要ありません。自分たちの正当性を主張して言い負かしてもいけませんし、お客様に言いくるめられてもいけません。常に、「**引き分け**」**に持ち込む**くらいの気持ちで、伝えるべきところは伝え、引くべきところは引くことを意識して下さい。

なぜなら、**クレーム対応の最終ゴールは、お客様に再び自社の商品やサービスを使って**

もらうことだからです。

●旅行会社のケース

次に紹介するのは、クレジットカードが使用できないために起きたクレームの事例で、私のクライアントの旅行会社の話です。

「予約した旅館でカード払いができないなんて聞いていないぞ！　ふざけるな!!」といった、クレームEメールがお客様から送られてきました。

「ふざけるな!!」と書かれていたことについて、少し感情的になっているEメール対応の担当者、斉藤さんから相談を受けました。彼には感情的になる理由がありました。なぜなら、実は、その旅館は現地精算時にカード払いができないことを、インターネットの予約ページで大きく記載していたからです。

そこで私は、この旅行会社のお客様相談室のメンバー10人に集まっていただいてミーティングを開き、このお客様からのクレームEメールを印刷して全員に配付し、どのように返信するべきかを考えてもらいました。

このとき、ミーティングの議題は、「どう返信するか」ではなく、「なぜ、お客様はこれほど怒っているのだろうか？」としました。

ミーティングが始まってすぐに、10人のメンバーから、クレームの背景やお客様の事情を想像した、良い意見が次々に出てきたのです。

「ひょっとしたら、このお客様、財布にお金をあまり入れていなかったのではないでしょうか」「確かに、カードが使えなくて宿泊代を現金で支払ったために、次の日の観光であまりお金を使えなかったのかもしれないですね」「あと、地方のお土産屋さんはカード払いができないところも多いし、少額の買い物でも現金をあまり使わないようにしたのかも……」「帰りのクルマを運転しているときにも、ひょっとしたらガソリンのことを気にして、手持ちの現金の心配をしたかもしれないな」――。

このように、1つのクレームに対してお客様の立場に立って考えてみると、いろいろなシーンが想像できて、クレームを言うお客様の気持ちが手に取るようにわかることがあります。

「この旅館はカード払いができないと、予約ページに記載があります。しっかりご覧下さい」と、お客様の思い込みや勘違いをただ指摘するのは簡単です。その点に気づいたEメール担当者の斉藤さんが、お客様へ返信したメールの内容は次のとおりです。

一流の引きのメール

「このたびは、せっかく私どものサービスをご利用いただきましたのに、ご不便をおかけして申し訳ございませんでした。

お申し出いただいた内容の文面を拝見しまして、楽しみにされていたご旅行でご不安なお気持ちをお与えしたのではないかと、私どもとしても残念な気持ちでいっぱいでございます。

カード払いができないことによってご旅行で楽しみにされていたことが体験できなかったり、お土産物を購入できなかったりされたのではないかと大変心配しておりま す。

（中略）

実は、旅館の宿泊費のお支払いにつきましては、私どものホームページの予約ページに記載をさせていただいていたのですが、しっかりご理解いただけなかったという点では私どもの対応が十分ではなかったと反省するばかりです（以下、省略）」


この返信後、クレームを言われたお客様から、すぐに次の返信メールが届きました。


「ご丁寧にメールを下さり、ありがとうございます。内容を拝見しました。

カード払い不可はちゃんと記載してあったのですね。私が見落としていたようです。

こちらこそ、大変失礼しました。申し訳なかったです。

実は、宿泊代を現金で払った後、楽しみにしていた地元の名産品をお土産物にたくさん買ったのです。それで手持ちの現金が少なくなってしまいました。帰りのクルマのガソリンが足りなくなってきて不安になりました。

地方のガソリンスタンドはカードが使えないところもありますから、カード払いができるガソリンスタンドまで行けるか、とても心配しながら帰宅したのです。

御社の気づかいの言葉にとても感謝しています。

でも泊まった旅館は最高でした。料理も美味しかったし、スタッフは皆さん親切でした。何より露天風呂からの景色が最高でした！　また御社のサービスを使って旅行に行きます。使わせていただきます。お気づかいいただき嬉しかったです（原文）」


対応者側とお客様との気持ちがつながった瞬間でした。この旅行会社では、このやりとりを紙に印刷し、クレーム対応のベストプラクティスとして、お客様相談室の掲示板に飾っています。

改めて、お客様からの2つのメール文面の内容を見比べると、同じお客様とは思えないくらいの劇的な違いがありました。まさしく、怒りが笑顔に変わったことがよくわかる一流のクレーム対応の事例だと思います。

たとえ自分たちのほうに非がない場合でも、それをただ主張するのではなく、一旦引いてお客様を責めない姿勢をとることが、お客様との良好な関係をつくるのです。

「魔法の言葉」でお客様の怒りを笑顔に変えるクロージング

いよいよ、「5つのステップ」の最後のステップ5「**魔法をかける**」を説明します。クレーム対応の最後に投げかける「**魔法の言葉**」、つまり、どうやってクレーム対応をクロージングするのかも重要です。

最後に投げかける魔法の言葉を解説する前に、クレーム対応の最後に絶対言ってはいけない言葉を先に触れておきます。

それは、「**お詫びの言葉**」です。

そうなのです！　クレーム対応の最後で、「このたびは申し訳ございませんでした！」などと言ってお客様を帰らせたり、電話を切ったりするのはアウト（NG）な対応です。

実は、クレーム対応の最後は「**お礼の言葉**」で終わるのが良いのです（先述した「解決策のない場合」を除く）。

クロージングのお礼の言葉

「このたびは、私どもの至らない点を教えていただき、ありがとうございました」
「ご指摘を賜り、気づくことができました。ありがとうございました」
「お知らせ下さり、本当にありがとうございます」

私はこのようなお礼の言葉を、次のように少しアレンジして使っていました。

谷流お礼の言葉

「ほかのお客様にも同じように嫌なお気持ちを与えていたのではないかと気づくことができました。このたびは、ご指摘いただき、誠にありがとうございます」

「貴重なご意見を頂戴しました」という言葉を使っている企業が少なくありませんが、20年前から使い古されたクレーム対応の常套句ですので、個人的にはクレーム対応の最後の言葉にはおススメしません。ぜひ、クロージング時に使う「お礼の言葉」も自分でアレンジして磨き上げて下さい。

そもそも、どうしてクレーム対応を、お詫びではなく、お礼の言葉で終わるのか？

それは、お詫びで終わると、クレームを言ってきたお客様を最初から最後までクレーマー扱いすることになるからです。

お客様のなかには、少し感情的になってしまったことを後悔しているお客様が少なくありません。にもかかわらず、お客様はなぜクレームを言ったのか？

そうです。皆さんの会社の商品やサービスをまた使いたかったからクレームを言うのです。「ここを改善してくれたら、また使いますよ」と教えてくれているのです。

だから、クレーム対応の最後に、お詫びの言葉ではなく、お礼の言葉、感謝の言葉を投げかければ、**クレームを言ってきたお客様を、アドバイスしてくれる有難いお客様に変えることができるのです。**

クレームを言ってくれたお客様に、感謝と敬意を表す言葉でクレーム対応を締めくくることを意識して下さい。

「ありがとう」3回の法則

一流のクレーム対応を実践するには、解決策提示前の了承を得たときの「ありがとうございます」、解決策の了承を得たときの「ありがとうございます」、そして感謝の言葉でクロージングするときの「ありがとうございます」というように、**感謝の気持ちを伝える言葉（お礼の言葉）を3回、お客様に投げかける**ように心がけて下さい。

そうすれば、クレームを言ってきたお客様はファンになってくれて、良い口コミを広げてくれるようになります。

クレームを言ってきたお客様のなかには、クレームを言ったことを後悔しているお客様が多いと述べましたが、この話をある講演でお伝えしたところ、受講いただいた地方の建設会社の社長さんから次のような話を聴きました。

その社長さんは長野県の山間部にお住まいで、あるとき、地元に唯一ある郵便局の女性局員の対応に少し腹を立てて、「なんだ！　その対応は!!」と声を荒げたようです。

とはいえ、それほど感情的になっていたわけではなかったそうですが、この社長さんが元々柔道家で体が大きく顔つきも優しい感じとは言えない、かなり迫力のある方ということもあり、女性局員が涙目になって「申し訳ありません」とお詫びの言葉を繰り返したそうです。

周囲からは、顔の怖いオジさんが女性局員をイジメているとしか見えない状況――。そこに割り込んで出てきた責任者らしき局長も震えながら、「も、申し訳ございません」と土下座するような勢いで謝ってきたので、社長さんは「もういい」と言って、そそくさと逃げるように郵便局を出ざるをえなかったそうです。

「あんなビビられて、クレーマー扱いされたら、行きづらくてしょうがない。しばらくは、面倒だけど隣町の郵便局へ行くしかありません」と苦笑いされていました。

このエピソードからも、クレーム対応は、お詫びの言葉で終わるのではなく、お礼の言葉で終わるほうが良いと言えます。

あなたもお客様の立場になってみると、「教えていただいてありがとうございます」などと感謝の言葉を投げかけられると、「クレームを言って良かった」「わかってもらえた」「次も使おう」と思うはずです。

これこそが、クレーム対応の目指すべきゴールなのです。

「魔法の言葉」をうまく使いこなして、クレーム客をファンに変えましょう!

なお、ここまで説明してきた「5つのステップ」で、お客様の怒りを笑顔に変えるクレーム対応モデルを例示しておきます。

◎お客様の怒りを笑顔に変えるクレーム対応モデル◎

●対面・電話対応の５つのステップ
（店舗の接客対応が良くなかった場合）

(1) 限定付き謝罪
「このたびは私どもの対応でご不便をおかけしたことがあったようで、誠に申し訳ございません。どのようなことがございましたでしょうか。詳しくお聴かせ下さい」

(2) 共感する
「そうだったのですね」「そのようなことがあったのですね」「お話、よく理解できました」

(3) 事実確認と要望確認(した後に投げかける言葉)
「いつもご利用いただいておりますのに、大変失礼な対応があったということがよくわかりました」

(4) 解決策の提示
「今、私からこのまま話をして宜しいでしょうか？」

「ご指摘いただき、私どもに至らない点がありましたことを心よりお詫び申し上げます。二度と同じご指摘をいただくことのないよう社内でも共有して従業員の接客力の向上に努めてまいります。ご了承いただけますでしょうか？」

(5) 魔法をかける
「このたびは、私どもの至らない点を教えていただき、ありがとうございました」

◎お客様の怒りを笑顔に変えるクレーム対応モデル◎

●クレームEメール対応の５つのステップ
（商品の誤配送があった場合）

(1) 限定付き謝罪

「このたびは、せっかくご利用いただきましたのに、当社の手違いで商品の誤配送があり、○○様に大変ご不便をおかけしましたこと、心よりお詫び申し上げます」

(2) 共感する

「お届けの商品を楽しみにされていた、○○様のお気持ちを考えると心が痛みます」

(3) 事実確認と要望確認（した後に投げかける言葉）

「発送時の商品の確認に関しまして、日ごろより管理体制を徹底しておりましたが、まだまだ不十分であったこと、深く反省しております。お恥ずかしい限りです」

(4) 解決策の提示

「○○様からご注文をいただきました商品『□□□』は先ほど、速達にて明日の午前中にご自宅にお届けする手配をいたしました。お時間をいただいてしまいますこと、ご了承いただけましたら幸いでございます。

今回の件は社内でも共有し、今後、商品発送時の確認業務におきまして、二重チェック体制を徹底し、サービス向上に努めることをここにお約束いたします」

(5) 魔法をかける

「このたびは、商品お届けに大変ご不便をおかけしましたこと、重ねてお詫び申し上げます。

○○様におかれましては、今後も、当社をご愛顧いただけましたら幸いに存じます。

このたびは、ご指摘を賜り誠にありがとうございました」

★SNSの書き込みに対しての返信例

以下の返信例は、ツイッターでの140文字という限られた文字数のなかでも、お客様の不満投稿に対しての返信ができます。

例）

「私どもの対応で不快なお気持ちを与えてしまい申し訳ございませんでした。内容を拝見し状況を理解いたしました。お客様のお気持ちを考えますと心苦しい限りです。今回の件を反省するのと同時に社内でも共有し、今後の仕事のやり方を見直してまいります。お知らせ下さり、本当にありがとうございました」

第5章

大ピンチでも何とかしてしまう「超一流の技法」

~天使と悪魔の見極め方~

マジでヤバいときはどうする?

ここからは超一流のクレーム対応術を身につけるために、第3章と第4章で説明した「5つのステップ」を踏んでもうまくいかない場合のイレギュラーな対応について紹介します。業種や職種、お客様の性格などに応じて、クレーム対応のやり方を変える必要はありません。基本的にはクレーム対応の「5つのステップ」の手順を進めることになりますが、どう対応してよいか悩むような内容のクレームに関して、私がコンサルティングをしている企業の事例を交えながら説明していきます。

どこまで対応すればよいのか、という判断基準の1つにしてもらえればと思います。

●「精神的苦痛を受けた」というクレームを受けた場合

精神的苦痛に関しては、クレーム対応の「5つのステップ」でお客様との信頼関係を築いていれば、ここまでの言葉を言われることは少ないのですが、お客様自身が対応に満足していないときには、仮に自分たちから商品交換などの解決策を提示しても納得してもらえず、「この精神的苦痛はどうしてくれる!」などと言われることがあります。

このような場合には、どうすればよいでしょうか?

「そうは言われましても、私どもができるのは商品交換のみとなります」と簡単に言ってしまえば、「商品を交換して許してもらおうというつもり？　あなたは何もわかってない!!」とお叱りを受けてしまいます。

私はこういったケースの「**切り返し**」として、次のように、改めて「**お詫びの言葉**」を投げかけ、お客様の気持ちに寄り添う対応で十分だと思っています。

超一流のお詫びの言葉

「お客様に嫌なお気持ちをお与えしてしまい、申し訳ない気持ちでいっぱいでございます」

精神的な苦痛の感じ方は人それぞれです。ただ、そのような様々なお客様が受けたであろう精神的ダメージに関しても、対応者側のほうでそれをできる限り理解して、お客様の気持ちを察した「お詫びの言葉」を投げかけることはできます。

●「訴えてやる！」というクレームを受けた場合

興奮気味のお客様のクレームの常套句の1つに、「**訴えてやる！**」という言葉があります。

特に、クレームの初期対応で失敗した場合に、この言葉が出てくるケースが少なくありません。しかし、この言葉に引っ張られてはいけません。例えば、「お客様、訴えるなんておやめ下さい！」と言ってしまうと、「すぐに知り合いの弁護士に相談する！」といったように、お客様をどんどんヒートアップさせてしまいます。

「訴える、訴えない」の問題に注意が行くあまり、本来解決すべき問題からかけ離れた話になってしまいます。つまり、論点がズレてしまうのです。

実は、クレーム慣れした企業では、「**お客様がされることに、こちらから何も申し上げることはございません**」という切り返しの言葉を採用しているところが増えています。

また、「訴えてやる！」と似た常套句の「消費者センターに言うぞ！」「マスコミに流すぞ！」という言葉に対しても、同じような言葉を使っています。

残念ながら、これはＮＧです。どうせ弁護士に相談することはないだろうし、マスコミなどに告発することもないだろう、とお客様を軽視していて、対応があまりにも事務的で開き直った態度だと思います。

たとえ、お客様が実際に弁護士や消費者センターに相談したり、マスコミに情報を流したりすることはないとしても、**悪い口コミを広げてしまう**可能性があります。

最近のＳＮＳで、企業が悪口を書き込まれるパターンで最も多いのは、お客様からのクレームに対して対応者側が開き直ったパターンです。企業の開き直りの態度に対して、「自分は軽視された」と感じたお客様が、ＳＮＳを使ってその企業を攻撃するのです。

開き直る前に、できることがあるはずです。

それは、**どんな場合でも、共感や理解する姿勢を示す**ことです。

訴訟や告発までは本気で考えていないお客様が多いことは確かです。でも、対応者側は、それほど怒っている、悲しんでいる、というお客様の気持ちを受け止めなければいけません。一度失った信頼を取り戻すためには、次のように、お客様に「**寄り添う言葉**」を投げかけてみてはどうでしょうか。

超一流の寄り添う言葉

「お客様が私どもを訴えるとおっしゃるくらい、お怒りだというお気持ちが伝わってまいります」

このように、「そこまでお怒りだというお気持ちがよく伝わってまいりました」と、お客様の気持ちを受け止める対応を心がけてほしいのです。

●弱みやデメリットを追及してくるクレームを受けた場合

最近のお客様は商品やサービスのことをよく研究し、同業他社の商品やサービスと比較してから購入します。特に価格の比較サイトもたくさんあるので、誰でも簡単に情報が手に入るようになりました。お客様と企業の従業員の間に知識の差などないと思うほどです。

今、私が取引先から受けるクレームの相談で増加傾向にあるのは、その企業の弱みやデメリットを追及してくるタイプのクレーム案件です。

「ほかの企業ではやっているのに、どうしておたくはできないの！」

こういう指摘のクレームを受けると精神的にも落ち込みますし、どう対応してよいのか悩むかもしれません。でも、ここで落ち込んだり、悩んだりする必要はありません。

このように、他社と比較してクレームを言ってきている時点で、そのお客様はあなたの会社の商品やサービスに興味があると言えます。「次も使いたい」とお客様は思っているのです。「ここを改善してくれたら次も使うよ」とお客様が教えてくれているのだと、前向きに視点を変えてみましょう。

このケースの対応方法として、お客様の期待に応えられなかったことに関してはしっかり受け止めながら、自分たちのメリットをさりげなく、お客様に伝える方法で切り返しましょう。この切り返しの方法に関する事例を２つ紹介します。いずれも実際に私のところに相談があり、それにアドバイスした方法を実践してもらった事例です。

リフォームメーカーのショールームで「価格が高い！」と言われたクレーム

お客様　「おたくは全体的に高いね。特にトイレは他のメーカーより全然高いんじゃない！」

対応者　**「ご指摘ありがとうございます。ご期待に応えられず恐縮するばかりです。価格は少し高いと感じられるかもわかりません。ただ、私どもの製品は消臭機能が**

とても良いのが特徴です。しかも自動で便座とフタが開閉できますので、腰への負担を軽減することもできます。耐久性の高い新素材を使用しておりますので安心して長くお使いいただけると思います」

学習塾で保護者から「子供の成績が全然上がっていない！」と言われたクレーム

保護者「先生、ウチの子はぜんぜん算数の成績が上がらないのですけど、どんな授業をされているのですか！」

対応者**「ご心配になりますよね。お気持ちよくわかります。ただ、○○君は国語の読解力が上がり、漢字がたくさん書けるようになりましたね。確実に成長されています。授業での集中力もどんどん増していますので、算数の成績にも反映されてくると思います」**

これらの対応の共通点は、お客様の指摘を一旦受け入れたうえで、自分たちの良い部分に論点を変えていっているところです。また、論点を変える前の接続詞の言葉として、「しかし」や「ですけど」などの強い否定的な言葉を使わずに、「**ただ、……**」という柔らかい表現を使っています。これによって、お客様は対応者側の言い分を受け入れやすくなります。

そもそも、世の中に完璧な商品やサービスなど存在しません。

どんな企業でも、強みや弱みは存在しますし、先ほどの例の学習塾のように問題解決や成果を示すのに時間が必要なサービスもあるでしょう。どんなときでも、自分たちの弱みの部分だけをクローズアップするのではなく、視点を変えて強みの部分、改善された部分に話をもっていく対話術を身につけて下さい。

どこまで対応するのかを決めておく

ここまでは、怒りを笑顔に変える方法、クレーム客をファンに変える対応法を説明してきましたが、残念ながら、対応者側からクレーム対応を打ち切ったり、お客様のご要望に対してお断りしないといけない場合もあります。

その場合の、毅然とした態度をとる方法について説明したいと思います。

●シニア層に多い、クレームを言うお客様の話が長い場合

クライアントからよく相談を受けるものに、シニア層のお客様からのクレームがあります。

シニア層のお客様から電話を受けたときなどでは、最初はクレームだと思って話を聴い

ていると、内容はただの世間話だったり、商品やサービスなどと関係のない個人的な話が延々と続いたりするケースがよくあります。

このようなケースでは、3分前後、共感しながら話を聴いていると、クレームの内容とは無関係だと判断できる場合がほとんどです。私にも経験がありますが、このような場合に、どこまで対応すればよいのかは悩ましいところです。

そんなときには、次のような言葉を投げかけて話を軌道修正するのが一番良い対応法だと思っています。

超一流の話の遮り方

「お客様、改めてお伺いしたいのですが、どのようなご用件でしょうか？」

このようなケースに限って、対応者側からお客様の話を遮っても問題ありません。

このように改めて用件を聞いてみても、その後も特にクレームの話が出てこないようであれば、残念ながら次のようにお客様に伝えましょう。

超一流の打ち切り方

「大変恐れ入ります。ほかのお客様もお待ちですので……」
「来客があり、お待たせしておりますので、こちらで失礼します」

この言葉をお客様に投げかけて、速やかにお引き取りいただくなり、対応者側から電話を切るようにして下さい。

市役所や区役所などの行政機関では、国家や政治の話題について延々と話をしてくる住民が少なくないようです。この場合も、次のように対応を打ち切るようにしましょう。

超一流の打ち切り方

「誠に申し訳ございません。私どもではお答えすることができない内容ですので、お電話を切らせていただきます」

本来は、クレーム対応をお客様と良好な関係を築くことにつなげたいところですが、対応者側が聴くべき話ではないと判断せざるをえない場合は、長くても10分以内に対応を終了したいものです。

私のお客様相談室時代に、60代の女性の方から電話で、「おたくのコールセンターのオペレーターの対応が良くない」という主旨のクレームがありました。「責任者は誰?」「オペレーターにはどんな研修をやっているの?」「どれくらいの時間をかけて研修をしているの?」「研修カリキュラム・テキストはどんなものを用意して、一体誰が教えているの?」

などと、一方的に質問が続きました。

その対応に困った私の部下から相談を受けて、私が電話を代わり、次のように対応しました。

超一流の打ち切り方

「私どものオペレーターの対応にご満足いただけなかったようで、申し訳ございません。改めてお伺いしたいのですが、どのようなことがご要望でしょうか？」

このように聞いたところ、その女性は以前、宝石販売会社に勤めており、業務内容が接客研修担当だったようでした。「現在は定年退職したので仕事がない、だから私をオペレーターの教育係として雇うべきだ」という主張を怒りながら伝えてきました（笑）。

この事実確認と要望確認を行なった後、私はその女性に「履歴書と職務経歴書を私、谷宛てにお送り下さい。ご了承いただけますでしょうか？」と解決策を提示して電話を切りました。

後日、この女性から送られてきた書類の返事として、「厳正なる選考の結果、採用を見合わせていただくことになりました」と、書類選考での不採用をお知らせする手紙を郵送させていただきました。

ほかにも、シニア層のお客様の特徴として、毎日、自分の使える時間が多くあるので、クレームを言う前にかなり準備しているケースが少なくありません。企業のホームページで経営理念や社長の名前、会社組織図などを調べ上げたうえで、電話をしてくるクレームも増えてきています。

最近、全国に出没している有名クレーマーで「おたくの経営理念は何ですか？」と静かな口調で質問してきて、対応者がオロオロして答えられないと「そんなことも知らずによくこの会社で仕事をしているな！」と激怒するオジさんもいますので（笑）、会社の経営理念程度はしっかり答えられるようにしておいて下さい。

●お客様が解決策に納得しない場合

第4章までで説明したクレーム対応の「5つのステップ」では、対応者側が提示した解決策に対して了承が得られることを前提にして解説しました。

ただ、残念ながら、対応者側が提示した解決策に対して、お客様が納得しない場合も想定しておく必要があります。解決策を出して納得が得られない場合の対応方法として、代案を出すことが考えられます。

ただ、クレーム・コンサルタントの仕事をしていてわかったのは、代案を出すのは難しい場合がほとんどだということです。もっと言えば、代案があるなら、最初から両方の解決策を提示しておくほうが良いということにも気づきました。

つまり、最初に出した解決策がダメなら、こちらの案を出そうというような駆け引きをするのではなく、最初から両方を提示してお客様に選択してもらうほうが良いということです。

繰り返しになりますが、クレーム対応の解決策には代案がない場合が圧倒的に多いのです。対応者側が提示できる解決策がたった1つしかないときには、その解決策でお客様に納得していただくしか術はありません。では、どうすればよいのか？

私自身も実践し、全国の企業や組織で採用いただいている方法があります。

それは、**「解決策を3回説明する」**ということです。

3回説明することで、この解決策しか持ち合わせていないことを、お客様に理解してもらうのです。

特に、よく起きるクレームに対しては、解決策の説明の仕方のバリエーションを用意することをおススメします。次のようにして、同じ結論でも伝え方を変えていきます。

1回目　まず、わかりやすく伝える

クレーム対応の解決策を提示する際は、どれだけ**お客様にわかりやすく説明できるかがポイント**です。

大前提として最初の解決策提示では、**専門用語やカタカナ表現は避ける**べきです。

対応者からすれば当たり前の表現でも、お客様には理解できないことがたくさんあるからです。

例えば、市役所や区役所の窓口で、個人を特定できる書類が必要だ、と年輩の住民に説明している職員が、「コンプライアンス上の問題になりますので、お願いします」と言ったところで、コンプライアンスの意味がわからない住民には何のことかわからず、話が平行線になってしまう場面に遭遇したことがあります。

わかりやすく説明するためには、子供にも理解できるような基準に設定します。具体的に言うと、**小学校の高学年の児童でも理解できるくらい、かみ砕いて説明する**ことをおススメします。

2回目 **背景や根拠を伝える**

もし、1回目の解決策の説明でお客様に納得してもらえないときには、2回目の解決策の説明では、「**背景や根拠を伝える**」ようにして下さい。

ここで言う「**背景**」は、お客様がクレームを言ってくる背景があるのと同じで、対応者側が提示する解決策にも「なぜ、その解決策を提示したのか」という事情などの背景があるはずです。それをお客様に説明して理解してもらいます。

もう1つは「**根拠**」です。第2章の90ページで、革靴の踵部分の交換に2週間かかる理由が「会社で決まっていますので……」と言われて私が怒りを爆発させた事例を紹介しましたが、その後に対応した店長らしき男性が修理に2週間かかる根拠を論理立てて教えてくれたおかげで私の怒りが収まったように、なぜそうなるのかという根拠をきちんと説明することが大切です。

3回目　過去の事例を伝える

最後の「**過去の事例を伝える**」方法も、とても重要です。

「過去の事例を伝える」とは、以前に同じケースのクレームを受けた際に、どのような対応をしたのか、過去の事例などの自分たちの経験談を伝えることです。

残念ながら、どの企業でも、どうしてもなくならないクレームは必ずあります。そのようなクレームの場合、**人やタイミングによって対応を変えてはいけません。**そうすることで、どんなときでも毎回同じ公平な対応をしているということを、同じクレームを言ってきた別のお客様に伝えることができるのです。

お客様はなぜゴネるのか？

自分の要求を押し通そうとする、ゴネるお客様は残念ながらいます。

このようなお客様には、**ゴネ続けることで、自分の思いどおりにしたい**という思惑があります。「粘れば、何とかなる」という心理がゴネる行為の正体です。

こういったお客様に対しては、対応者側が過去の事例を伝えることで、結論は変わらないということを明確に説明しなければいけません。

私の経験上、ゴネるお客様は、ゴネ続けても結論が変わらないとわかると、時間のムダだと感じて諦めることがほとんどです。

クレーム対応後、残念ながら、そのようにゴネ続けたお客様から、帰り際に捨てゼリフを吐かれるケースがあるかもしれませんが、気にする必要はありません。

本来であれば、お客様に納得してもらって、円満に解決することが理想ですが、クレーム対応をどこまでやるのかという意味では、お客様の要望どおりにならなくても3回説明することで、対応者としての「**説明責任**」を果たすことになります。

私の過去の失敗談ですが、ゴネるお客様にはあまり時間をかけるより早く終わらせたほうが良いと判断して、仕方がなく要望どおりの対応をしたことがあります。しかし、その対応で満足するお客様は少なく、むしろ「やるんだったら、最初からやれ！」と嫌味をよく言われました。

近年、企業の不祥事や政治家のスキャンダルでも説明責任を果たさずにブランドを失墜させたり、議員辞職に追い込まれたりするケースが後を絶ちません。クレーム対応でも同様で、説明責任をしっかり果たすようにして下さい。

これぞ超一流のクレーム対応！【パート1】

私の研修を受講してくれたクリーニング会社の部長さんが「解決策の3回説明」をうまく実践されましたので、超一流のクレーム対応の事例として紹介します。

40代の女性のお客様から、「大切なジャケットがクリーニングに出したら縮んだ。一体どうしてくれるの！」と言われたクレームの事例です。

クリーニング業界では、クリーニング後の衣類の仕上がりに関するクレームが一番多いようです。特に「クリーニングに出したら服が縮んだ！」というクレームに関しては、服が実際に縮むことはほとんどないそうで、これをお客様に理解してもらうことは大変難しいようです。これがクリーニング業界で、最も苦戦するクレームの代表例です。

この部長さんは、ジャケットをお預かりして後日、「解決策の3回説明」の準備をしてから、お客様の自宅を訪問し、改めてお時間を割いていただいたことをお詫びした後に、次のような説明をして、お客様との円満解決に見事、成功されました。

わかりやすく伝える

「お客様、わたくしはこのクリーニング業界で20年間仕事をしているので、いろいろ勉強したのですが、洋服はクリーニングで型崩れを起こすことは稀にあっても、生地や糸が全体的に縮むことは正直ございません」

背景や根拠を伝える

「ただ、型崩れが発生している可能性がありますので、お預かりしたジャケットを製造元のアパレルメーカーに持っていき、採寸をしてきました。結果は、やはり縮んだり型崩れを起こしていなかったことがわかりました」

過去の事例を伝える

「実は、過去に同じようなご指摘を別のお客様からいただいたケースもあるのですが、衣類が縮んでいたということは発生しておりません。ただ、このようにご指摘いただくことで、私たちスタッフの、お客様の大切な衣類を取り扱っている、という意識がさらに強くなりましたし、製造元のアパレルメーカーも『お客様に当社の商品を大切に思っていただけて大変嬉しいです』と申しておりました。今回の件、ご了承いただけますでしょうか?」

本当はクレームを言われたときに、「お客様の体形の変化が原因です！」とすぐにでも伝えたかったようですが（笑）、プロとして「解決策の3回説明」を実践されました。
この説明に、お客様もご納得されたようで「いろいろお手を煩わせたようで、こちらこそ申し訳ありませんでした。親身になって丁寧にご説明いただき、よくわかりました。お手数をおかけしました」とおっしゃって、笑顔でジャケットを受け取られたそうです。

●3回説明してもお客様が納得されない場合

「解決策を3回説明しても理解を得られない場合はどうすればよいのか？」「お客様との交渉が決裂することなく、友好な関係性を築きながらクレーム対応を終わらせる方法はないものか？」という質問もよく受けます。
これらの質問に対して、私は、どうしてもお客様の要望に応えられない場合のクレーム対応の最後の言葉として、次の言葉をおススメしています。

クレーム対応の最後の言葉

「私どもとしましても、できるだけのことはさせていただきたいと考えておりました。ただ、今回は残念ながらお客様のご要望に沿えることができません。誠に残念でなりません。当社としましても大変重く受け止めております」

このように、「自分たちとしてはこれ以上、良い考えを持っていません」ということをしっかり伝えます。主語に「私どもとしましても」「当社としましても」といった言葉を意識して使うことによって、**組織としての最終決定**という印象をお客様に与えることができます。

これが、お客様から解決策について理解してもらえない場合におけるクレーム対応の最後の言葉です。クレーム対応は交渉事でもあります。対応者側が説明責任を果たし、「できること」と「できないこと」を明確に伝え、これ以上の対応はできないとお断りすればよいのです。だからと言って、突っぱねるのではなく、お客様に最後まで寄り添う気持ちを忘れないようにして下さい。

また、電話を切るときも、最後にきちんと自分の名前を名乗ってからお礼で終わるようにして下さい。対面による対応の場合には、出口まで一緒に向かい、最後まで見送るということも忘れてはいけません。最後まで、お客様に対して敬意を払いましょう。

●クレームEメールで内容がわからなければ電話対応に切り替える

クレームがEメールで送られてきたとき、すべてEメールで返信対応することにこだわらなくてもよいと思います。

第3章の155ページで、SNSに書き込まれたクレーム内容の主旨がわからない場合、自分たちの連絡先を記載して「お話をお聴かせ下さい」という対応をとる方法について説明しましたが、Eメールでも同じように内容がわかりづらいのであれば、電話対応に切り替える方法をおススメします。

クレームEメールで必要なのは、文章を読み解くことです。クレームの内容をしっかり把握して、的確な返信回答をしないといけません。しかし、お客様からのEメールの文面だけ見ても意味がわからないケースが少なくありません。SNSと同様に、むやみやたらに返信すると、「そんな意味で言っているのではない！」と余計に怒られるケースも想定されます。

以前、飲食店から相談を受けた案件では、名前も連絡先の記載もなく、次のようなクレームEメールが送られてきました。

「グルメサイトに良い口コミばかり書かれてあったけど、自分たちで書いたのではないのか！　ふざけるな‼」

確かに、お客様の怒りの感情は伝わってきますが、この文面からは何があったのかがわかりません。この飲食店を実際に利用した方の感想なのかどうかもわかりません。

クレームEメール対応の最大のデメリットは、お客様と何度も何度もやりとりをしなければならないことです。これでは、お客様と対応者がお互いに疲弊するだけです。

お客様の大切な時間を奪わないためにも、1回の対応で完了させるためにも、まずメールで、次のように返信してみてはいかがでしょうか。

メール対応から電話対応へ

「このたびはご連絡いただき、誠にありがとうございます。お客様のお怒りのお気持ちがとても伝わってまいりました。もう少し詳しくご事情をお伺いできればと考えております。つきましては、私どもからお電話を差し上げたく存じます。大変お手数をおかけしますが、お客様のお名前、お電話番号、ご都合の良い時間をお知らせいただければ、私どもよりご連絡をさせていただきます。お忙しいところ、誠にご不便をおかけします。お客様からのご連絡を心よりお待ち申し上げております」


この返信対応後、実際にお客様と連絡が取れて話ができれば、このお客様がクレームを伝えてきた理由がわかります。

仮に、連絡先を返信してこなかったのなら、ただの冷やかしでクレームEメールを送ってきたと判断してもよいと思います。お客様自身のストレス発散のためにメールを送ってきた可能性が高いと判断できます。

私の経験上、このような主旨のわからないメールが10件あるとすると、先ほどの返信対応に対して連絡先をメールで返信してくるのは2件程度です。この2件のクレームについては、しっかりと対応して下さい。

超一流は知っている、クレームの善悪の見極め方

●どうにもならないクレーマーの見極め方

超一流レベルのクレーム対応を実践するために必要な要素、それは**クレームが良質なのか、悪質なのかの見極め**ができることです。そして、それらに対して、どのように対応するのかを理解していることだと考えています。

ここまで、「**クレームを言うお客様は正しい**」という考え方を前提にして、怒りを笑顔に変える方法を説明してきました。そして、基本的には円満解決を目指し、クレーム対応後、そのお客様にファンになっていただくこと、クレームをお客様からのアドバイスと捉え、学びに変えて仕事のやり方を変えていく方法について説明してきました。

しかし、自分たちの業務に悪影響を与えるような「**悪質なクレーム**」も残念ながら存在します。ここからは悪質なクレームの見極め方と、そのクレームに毅然とした態度をとる方法について解説したいと思います。

私が定義するクレームの善悪を見極める基準の1つとして、「ルールを守らないお客様」は悪質なクレーマーだと判断して、受け入れないようにしています。自分たちが大切にしたいと思うお客様とだけ付き合う、というように解釈してもらっても構いません。

どう考えても悪意を感じるクレームはあります。こういうクレームの場合、疲れだけが残る対応になってしまいます。私も経験がありますが、全身のエネルギーを吸い取られるような徒労感しか感じられないクレームがあるのです。

そうしたクレームに対しては、企業側・対応者側がどこまでやるのか、そして毅然とした態度をとるべきクレームは何かについて明確にしておく必要があります。

ここを明確にしておかないと、会社や組織全体の仕事に対するモチベーションが下がってしまうので、判断基準を決めておくことはとても重要なのです。

経営者対象の講演では、このようなルールをしっかり決めていくときには、従業員を守るスタンスが必要になることについてもお伝えしています。そして何よりも、一部のルールを守らない悪質クレーマーよりルールを守ってくれているお客様を大切にすることを優先するようにお願いしています。

残念ながら、すべてのお客様が神様だとは限りません。それをしっかり見極めることが超一流のクレーム対応術です。

では、ルールを守らない悪質クレーマーとしては、どんな人物が想定されるのか？

それは基本的には、コミュニケーションが取れない人や、関係性を築けない人です。

「主張内容が支離滅裂で何を言いたいのかがわからない」「自己中心的で対応者側の話を一切聴かない（一方的に話し、聞く耳を持たない）」――。誤解を恐れずに表現するなら、人格的な問題があると判断した場合が、これに当てはまります。

私の経験上、お客様自身のご家庭の事情や、ご自身の社会的立場に問題や不満を抱えていて、そのウップンを対応者にぶつけてくるお客様が悪質クレーマーに該当します。

おそらく、このタイプのお客様との話は最初から最後まで平行線のままです。このような関係性が築けないと判断した場合のお客様に対しては、可能ならば、電話や対面での対応から「**文書対応**」へ早急に切り替えるべきだと思います。

●悪影響を与えるお客様は対応を打ち切る

私にも、お客様相談室時代に苦い経験があります。50代の男性のお客様で、2か月に一度はご旅行をされ、そのときにはいつも私たちのサービスを利用してくれていた有難い常連客の方がいました。

ただ、毎回決まってご旅行からお帰りになった翌日に、お泊まりになった旅館へのクレームをオペレーターに延々と話すのです。それだけでなく、会社の体制批判、対応したオペレーター個人に対する誹謗中傷を繰り返した挙句、「上司を出せ！」と言ってきて、私が対応すると、「あの旅館とは取引をやめろ！」、そして「対応したオペレーターをクビにしろ！」と理不尽な要求の連続でした。

冷静に見ても、クレームの内容はご自身の偏った主観によるもので、自分の不満やストレスをぶつけているだけだ、と私は判断しました。

今後、会社としてお付き合いするべきではないお客様と判断し、それから数日後に私からこのお客様にアポイントを取り、法務担当者と2人で、そのお客様のご自宅の最寄り駅付近の喫茶店でお会いすることにしました。

先方のお客様は、「いつもお使いいただき、ありがとうございます。毎度、ご不便をおかけして申し訳ございません」というようなことを伝えに来たのかと思っていたのかもしれません。

喫茶店に入って、私は無表情で事務的な言い方でこう切り出しました。

「お願いがありまして伺いました。申し訳ございませんが、今後当社のサービスをご利用にならないで下さい。はっきり申し上げまして、お客様にご利用いただくことは当社にとって迷惑です。大変困っています」と毅然とした態度をとったのです。

思わぬ内容だったようで、そのお客様がものすごく動揺されている様子は表情から察しました。この後、そのお客様は激しい口調で、前回利用した旅館と対応したオペレーターに対するクレームをまた言い始めました。私はその話をすぐに遮り、「今後は何かおっしゃりたいことがございましたら、お電話ではなく、こちらの私どものお客様相談室の住所に書面でお送り下さい」と伝えて、私の名刺を置いてその場を立ち去りました。

その後、そのお客様が私たちのサービスを利用されることはなくなりました。しかし、私たちの判断は間違っていなかったと今でも思っています。

自分たちの仕事に明らかに悪い影響を与えるお客様には、最後の手段としてご退場いただくという考え方は重要ですので、ぜひ参考にして下さい。

●興奮しているお客様への対応法

クレーム対応をしていると、お客様が最初からかなり興奮されていて、暴言が止まらないケースがあります。クレーム対応に慣れていない経験が浅い対応者なら恐怖で頭が真っ白になって言葉が出てこないこともあるでしょう。

店頭で暴言を吐かれて「お客様、ほかのお客様にご迷惑となりますので、お静かにして下さい」と思わずなだめるような対応をする人がいますが、これは静かにしろと命令しているのと同じなのでＮＧです。もっと興奮して暴言を浴びせてくるケースもあります。

このような強い口調のお客様を目の前にすると、悪質クレーマーなのではないだろうかと不安になるでしょう。

では、そのようなとき、どのような対応をすればよいのでしょうか。

興奮されたお客様から暴言を吐かれて、あなたが恐怖心を持ったのならば、そのままの感情をお客様に次のように伝えて下さい。

興奮しているお客様への対応

「お客様のお言葉で怖くなってしまい、何と申し上げてよいのかわかりません……」

このような言葉の後は黙ってしまっても構いません。

頭が真っ白になるくらい恐怖心を抱いたときには、素直にその気持ちを伝えればよいのです。これは、テクニックではありません。あなたが管理職の場合、現場にクレーム対応の経験が浅い部下がいるなら、その部下にお客様にそう伝えるように指導して下さい。

では、この「怖くなって何と言っていいのかわからない」というリアクションをしたときに、怒鳴っていたお客様はどのような反応をするのか？

まず、ほとんどのお客様は慌てます。動揺します。その場をうまく取り繕おうとして慌てながら、「いやいや、そんな怖がらせようとは思ってなかったよ。私は、悪質クレーマーではないよ（汗）」と言って、その後は急に冷静になって大人しく話を始めるケースを私自身、何度も経験しましたし、そんな現場を数多く見てきました。

これは人間心理と関係しています。クレームを伝えてきたお客様は少なからず、被害者意識を持っています。「（こんなことをされて）私の、この気持ちをどうしてくれる！」と被害者意識が強ければ強いほど、自分のこの気持ちをわかってほしいと思い、興奮して大きな声を出したり、感情を抑えられなくなって暴言を吐いたりしてしまうのです。

でも、興奮して大声でクレームを言っていたら、いつの間にか目の前の対応者が自分に怯えている姿を目の当たりにして、いつの間にか被害者だと思っていた自分が相手を怖がらせる加害者になっていることに気づくから慌てるのです。だから、冷静になって、その場を何とか取り繕おうとするのです。

繰り返しになりますが、テクニックではなく、**怖いと思えば「怖いです」と、お客様にそう素直に伝えて下さい。**

●悪質クレーマーの見極め方

先ほど、興奮しているお客様には「怖い」と伝えるようにと述べましたが、それで、すべてのお客様が冷静になるわけではありません。

実は、極めて稀ですが、冷静になるどころか、さらに興奮して暴言を吐き続けるお客様がいます。そうです。このお客様こそがマジでヤバい、**本当の悪質クレーマー**です。

悪質クレーマーは、「この気持ちをわかってほしい」「自分の抱えているこの問題を解決してほしい」という理由から、クレームを言ってくるわけではありません。

クレームを言うこと自体が目的であり、対応者を怖がらせたり、業務妨害したりすることが最大の目的なのです。

ですから、ここまで説明してきたクレーム対応のやり方は通用しません。怒りを笑顔に変えることは到底できません。そもそも悪質クレーマーには、また使いたいから改善してもらえれば次も使う、という考えは一切ありません。

ここは、**クレーム対応から企業の危機管理に切り替えて対処**しないといけません。

ただ、数多くの企業の方からクレームの相談を受けてわかったことですが、１００件に1件あるかないかの確率だと私は考えています。１％以下だと思います。

どの時点で悪質クレーマーと判断すればよいのか、どのタイミングで気づけるのかという質問をよく受けます。結論から言うと、正解はありません。

むしろ企業側・対応者側の主導でガイドラインを決めて、「これは悪質クレーマーだ」と判断する基準を設けるようにアドバイスしています。

つまり、お客様と悪質クレーマーの境界線は、企業側が決めてよいということです。

例えば、ＮＧワード（担当者個人への暴言、土下座強要）、対応時間（電話を切らせようとしない、居座るなど）や、理不尽な金銭要求があるなどで判断して下さい。

つまり、企業や組織として、あるレベルの状態になったら悪質クレームだと判断できるようルールを明確にしておくということです。

そのルールを違反するようなお客様が現れたときには、ルールに則ってクレーム対応から「危機管理」に切り替えて、毅然とした態度で対応を打ち切る必要があります。

繰り返しになりますが、**お客様は神様や天使ばかりではありません。悪魔も存在します。**その見極めができるようになることが、超一流のクレーム対応をするためには必要です。

●悪質クレームのタイプと対処法

悪質クレームは大きく分けて２つのタイプがあります。ここでは、２つのタイプの悪質クレームの特徴とその対応法を説明していきます。

◆ストレス発散型の悪質クレーム

「**バカヤロー**」「**コノヤロー**」「**頭が悪いのかお前！**」「**そんなことも知らないのか、このデブ！**」——。

その他、文字にするのがはばかられるような汚い言葉に乗せて、対応者個人に対するネガティブな感情をそのまま誹謗中傷として大声で浴びせてきます。

このようなクレーマーは自分の言い分をわかってほしいのではなく、クレームを言うことが最大の目的になっていますので、そこには改善のヒントは存在せず、自分のネガティブな感情をぶつけているだけです。

このような人とは関係性を築くことはできないので、対応者側が歩み寄る必要もありません。この手の悪意があるクレーマーはファンに変わることも皆無です。

対処法としては、暴言と対応者の容姿や人格を否定するような言葉が出てきたら、悪質クレーマーと判断し、毅然とした態度で対応を打ち切ります。

ストレス発散型の悪質クレームへの対応例

悪質クレーマー「バカヤロー。そんなことも答えられないで、頭が悪いのかお前は!!」

対応者**「お客様が私に対して、バカヤローとおっしゃるくらいお怒りだというお気持ちはよくわかりました。ただ、これ以上、そのような汚いお言葉、私個人への暴言を口にされるのであれば、これ以上対応できません。お帰り下さい」**

それでも大きな声で暴言を吐き続けたり、居座ったりするような態度をとった場合は、次のように対応を打ち切ります。

対応者　**「ほかのお客様も驚いていらっしゃいます。今日はお帰り下さい。落ち着かれましたら、お話を聴かせていただきます」**

クレームを言うだけで居座るような態度をとるのであれば、明らかに営業妨害です。そう判断したときには、「**これ以上対応できません**」「**お帰り下さい**」「**こちらで失礼します**」という言葉を、平静を装って事務的に伝えるようにしましょう。

◆非常識・無理難題な要求型の悪質クレーム

「俺は客だぞ！　それぐらいやれ!!」

このように「俺は客だから神様だ！」と言うようなお客様は、はっきり言って神様ではありません。もっと言うと、「**お客様は神様です！」は企業側のセリフであって、顧客側が言うセリフではありません**。

顧客という立場にあぐらをかき無理難題を言う人は、悪質クレーマーと判断して毅然とした態度をとって下さい。

何度も繰り返しますが、クレーム対応は人と人とのコミュニケーションです。また、クレーム対応でのお客様との関係は「対等」で良いと第4章で述べました。

しかし、自己中心的な話ばかりして、対応者の話を聞こうとしなかったり、自分勝手で非常識な主観のもと、到底無理な要求をしてきたりするだけの相手とは、良好な関係を築けないと判断して対応を打ち切る必要があります。

すべてのお客様と仲良くしようとしなくてもいいのです。

特に、クレームとお金をセットで要求してくる場合、お金目当てとしか考えられません。このような悪質クレーマーに対しては、次のように毅然とした態度で断わる勇気を持って下さい。

非常識・無理難題な要求型の悪質クレームへの対応例

悪質クレーマー
「バイトを休んで手続きにきた。ここまでの交通費と1日分の給料を出せ!」

対応者
「恐れ入ります。個人のご事情につきましては私どもでは対応策を持ち合わせてございません」

少し病的で、コミュニケーションが取れない、思い込みが激しい相手がまだ一方的に話し続ける場合、次のように打ち切って下さい。

対応者 **「私どもとして結論はお伝えしたことがすべてです。居座るおつもりでしたら警察を呼びます」**

お金の要求などが絡んでくる場合は、迷わずに警察を呼ぶということを全面に出して対応を打ち切る方法を選択して下さい。このようなクレーマーは、自分たちが同じ説明を何度繰り返しても、話は平行線のままで終わることがありませんので、対応を打ち切らざるをえません。

なお、悪質なクレームではありませんし、営業妨害でもないのですが、最近企業から相談をよく受けるクレーム案件で、ご高齢のお客様のご家族や身体障害者のお客様のご家族から、「もっと気を使ってほしい」「私たちを特別扱いしてほしい！」という無理難題に近い要求が増えています。

このように申し出をしてくるご家族の気持ちは否定しませんが、「もちろん配慮はいたします。ただ特別扱いはできかねます」と毅然とした回答をするほうが良いと思います。配慮はしてもお客様を決して差別しないというスタンスで、ほかのお客様と同じ公平な対応となることを伝えましょう。

ここでは、悪質クレームに対して毅然とした態度で対応を打ち切る方法を説明しましたが、お客様への対応を打ち切ることはとても残念なことです。

しかし、未来の見えない悪質クレームに対して後ろ向きの対応に時間を費やすくらいなら、自分たちにとって大切な、ほかのお客様との絆を深めることに注力していただきたいと思います。

口うるさいお客様は早めに味方にする

どの企業からも、「口うるさいお客様がいて困っています」とよく相談を受けます。企業によっては、「なぜ、いつもあのお客様はウチに文句ばかり言うのですかね。そんなに嫌なら使わなくてもいいのに……」と言っている担当者さえいます。

これは、お客様の心理を根本的に理解していない証拠です。そうなのです。応援しているからこそ、クレームを言うのです。次も使いたいから、クレームを言うのです。

知り合いのカメラマンから聴いた話です。そのカメラマンは20年間、同じメーカーのカメラだけをこだわりを持って使い続けているようですが、ものすごく、そのカメラメーカーにクレームを言うそうです。

彼曰く、「今更、ほかのメーカーに変えたくないし、ここのメーカーが好きだから、ほかのメーカーがこうやっているからおたくも同じようにやってくれよ！」などと注文をつけるそうです。

「ライバルメーカーに負けるなよ」「ほかのメーカーの新機能が良いから付けてくれよ」「もっと頑張ってくれよ！」という気持ちで、クレームの電話を入れるのです。

普通、それなら、別のメーカーの商品に買い替えればいいじゃないかと単純に思いますが、このカメラマンはそのメーカーの商品を愛しているのです。

どこの会社にも店舗にも、このような口うるさいお客様は必ずいます。

せっかくなら、そんなお客様を、細かいところによく気づいてくれる、面倒見の良い有難いお客様だと前向きに捉えてお付き合いしたいものです。

このようなお客様には、「いつもご利用いただき、ありがとうございます」というように感謝の言葉を投げかけて下さい。この「**いつも**……」という、たったひと言によって、お客様との関係をさらに強固にすることができる場合が多くあります。それができれば、強力な味方にすることができます。

価格が高いとか安いとかは関係ありません。機能が充実しているなどのメリットを超越して、あなたのこと、あなたの会社のことが好きだから、と使ってくれるようになります。ぜひ、口うるさいお客様には心を込めて接して、早く味方にして下さい。

お客様が何をしてほしいのかを察する

研修の講師として登壇した病院で、いつも文句ばかりを言ってくる患者さんがいるそうです。「『ナースコールで呼んでも、すぐに来ない！』とよく怒る患者さんなのですが、どう対応すればよいでしょうか？」という相談を受けました。

理想的な解決策は、その患者さんに呼ばれたらすぐに対応できるように人員を増やして体制を整えることですが、それができたら、もうやっていますよね。

ここで危険な対応は、「どうしてすぐに来ない！」とクレームを受けたことに対して、「今後は同じことがないようすぐに善処します」と約束をしてしまうことです。そのように伝えてしまうと、次に患者さんに呼ばれて対応が遅くなったときに「また、すぐに来なかった。何をやっているのだ‼」と、さらに怒られるのは目に見えています。

このような少し厄介で、すぐにクレームを言ってくるお客様は、なぜクレームを言うのか？　どうして自分の都合ばかり押し付けてくるのでしょうか？

それは、寂しいからです。かまってほしいからです。

この病院の患者さんの場合もそうですが、クレームをすぐに言ってくるお客様を対応者側（病院側）が腫れ物に触るかのように、距離を置いているケースが少なくありません。

こういった口うるさいお客様から逃げていること自体が、クレームを言われる原因をつくっているののです。

この病院で、すぐにクレームを言う患者さんへの対応策として、私は、「どんなことをすれば、その患者さんに喜んでもらえるのか？」について話し合うように看護師の皆さんにアドバイスしました。また、積極的にコミュニケーションを取る方法についても考えてもらいました。この話し合いでの看護師さん同士のやりとりは、次のとおりです。

「患者さんは夜中になぜナースコールを鳴らしたのか？」
「それは、咳が止まらず不安になったのではないのでしょうか？」
「そうであれば、その不安を取り除いて差し上げるようにコミュニケーションを取ることが大切なのではないでしょうか？」

この話し合いの後、その患者さんに対して咳を抑えるために寝る前にうがいをすることを提案したり、ナースコールが鳴ると水を飲ませてあげる対応をしたりしたそうです。

すると、その患者さんがクレームを言うことが少なくなり、しかも看護師さんたちと笑いながら雑談する機会が増えたそうです。

このように、**お客様（この例では患者さん）のやってほしいことを察し、簡単なコミュ**

ニケーションを始めただけで、クレームを減らすことができるのです。

そして、その患者さんは、退院されるときに看護師さん一人ひとりに、「ありがとう。本当にお世話になりました」と頭を下げて笑顔で退院されたそうです。

お客様を笑顔にしようとするとクレームは起きない

「面倒だ」と思ってやらなかったことで、クレームを受けることがあります。

仕事を効率良くやることだけを考えるのではなく、**ひと手間かけるだけでお客様の笑顔は増やせます。ほんの少しの労力で、サービスを大きく進化させることができます。**

ここでは、お客様を笑顔にするために必要なことが理解できる事例を紹介します。

講演に訪れた沖縄のリゾートホテルの、細かい気配りが行き届いているサービスに感動したことがありました。

講演の主催者側から「講演前に昼食をご用意しています」と言われて、昼食に利用したレストランはバイキング形式でした。私のお目当ては、そのレストランで一番人気の肉厚で、とても美味しそうなビーフステーキ。

ステーキコーナーへ真っ先に向かうと、すでに焼かれたお肉が1枚置かれていました。

私がそれを手にしようとしたとき、ステーキコーナーにいたシェフから「お客様、ぜひ焼きたてをお持ち下さい。すぐにでき上がりますので！」と言われて、ものすごく嬉しい気持ちになりました。この気配りのおかげで、焼きたてで熱々のステーキを堪能できました。

その昼食後に開催された講演の最初のつかみで、先ほどのシェフの気配りが行き届いたサービスの話をして、講演の参加者に、このホテルの素晴らしさを熱く伝えました。良い口コミが拡散するときというのは、案外、この例のように、ひと手間をかけた、ほんの少しの気配りがきっかけになるのかもしれません。

もう1つ、私が思わず嬉しくなったエピソードを紹介します。

先日、パソコンの修理でバッテリーだけの交換をパソコンメーカーに依頼したのですが、数日後にこのメーカーのサポートセンターから電話がかかってきました。「ディスプレー（画面）は見づらくないですか？」という問い合わせでしたので、「少し見づらいかもしれないです」と答えたところ、後日、手元に戻ってきたパソコンはバッテリー交換だけでなく、ディスプレーも新しくなっていました。

また、それだけではなく、キーボードを含めたすべてのカバーも新しく交換してくれていて、新品同様の状態で戻ってきたのです。さらに、カバーには私が貼っていた、〝ニコちゃんマーク〟のステッカーが丁寧に剥がしてあり、また貼り直せる状態にして添付されていました。

同封された修理報告書には、「私どものパソコンを大切に扱っていただき、ありがとうございます。保証期間内のため、すべて無料ですのでご安心下さい。引き続き、ご愛顧の程、宜しくお願い申し上げます」と担当者直筆の丁寧なメモ書きが記載されていました。クレーム対応ではありませんが、まさに、超一流と呼べるサービスだと思います。

話は変わりますが、東京都板橋区を中心に活動しているプロレス団体「いたばしプロレスリング」をご存知でしょうか？

「地元板橋に元気と笑顔を！」をモットーにまちづくり、地元商店街の活性化を目指して、闘っているプロレスラーたちがいます。

「笑顔の連鎖で、町中を笑顔と元気であふれさせたい！」と言い切る、代表の「はやて選手」は、人を喜ばせたい、笑顔にしたい一心で、このプロレス団体を運営されています。はやて選手と話をしていると、ほかのプロレス団体よりも人気を獲得したいとか、お客様を呼び集めてお金を稼ごうという姿勢を感じたことがありません。もちろん、そんな言葉を彼から聴いたこともありません。

彼らは、**会場に足を運んでくれた目の前のお客様を笑顔にするという姿勢を貫いています**。いたばしプロレスを見て、笑顔になって明日からも頑張ろうと思ってもらうために、リングの上で全力で闘っているのです。そして、いたばしプロレスを観戦した満員のお客様すべてが笑顔で会場を後にされます。

私自身も、いたばしプロレスを何度も観戦しましたが、自分はここまで人を笑顔にできているのかと考えさせられ、毎回勉強させてもらっています。

いたばしプロレスを見ていて、もう1つ学んだことがあります。それは、**お客様はその人が一生懸命やっているかどうかを見ている**のだということです。一生懸命やっている人、いっぱい、いっぱいいっぱいになりながらも頑張っている人には、誰も文句は言いません。クレームは起こらないということです。

手を抜いて仕事をしている人のところにクレームはやって来ます。できないのではなく、やらない人の仕事ぶりにクレームは忍び寄って来るということに気づかせていただきました。

クレームを言うリピーター、クレームを言わないファン

あなたは、「リピーターとファンの違いは？」という質問に対してすぐに答えられるでしょうか？

リピーターは、「商品」や「サービス」に付きます。その商品やサービスが必要だから、

リピートします。

一方、**ファンは、「人」に付きます**。「あのお店の、あの店員さんが好き！」「あの会社の、あの営業マンが非常に優秀だから取引している」——。

つまり、「この人が好き！」と思ってもらえれば、ファンになってくれるのです。クレームでもわかっていることがあります。それは、**リピーターが最もクレームを言ってくる**ということです。なぜなら、「必要だから」「また使いたいから」と思っているからこそ、同じことがあったら困ると考えてクレームを言ってきます。

でも、ファンはクレームを言いません。それは、その人のことが好きでファンになっているからです。では、どうすればファンをつくれるのか？

お客様に、「この人は、自分のことを『理解』してくれる」と思ってもらえれば、ファンになってくれます。

雑談がうまい人はクレームを起こさない

「**雑談**」ができるビジネスパーソンは、取引先の担当者などから好かれているため、クレームも発生しません。

私はクレームの専門家でありながら、毎年オファーをいただく仕事に、婚活イベントの司会があります（笑）。

イベント会場で、いつも気づくことがあります。

それは、イケメンでも雑談ができない男性は、女性との距離を近づけられずに苦戦しているのを見かける一方で、さほどイケメンとは個人的に思えない男性が、雑談で女性たちを楽しませて一番の人気を獲得していることです。

また、常連客でにぎわう居酒屋は、店員がお客様とよく雑談しています。たわいもない会話でお客様と良好な関係を築けているので、お客様も「また来たよ！」と嬉しそうな顔をしながら店に入ってくるのです。

ある取引先の企業には、クレームを頻繁に起こす営業マンと、クレームを受けることなくお客様から熱狂的な支持を受け続けている営業マンがいます。

クレームをよく起こす営業マンは、「おたくの商品は高い。値引きしないと別の業者に代えるよ」と言われ、よく値引き要求を受けるようです。

一方、熱狂的な支持を受け続けている営業マンは、値引き要求などされたことがないと言います。この違いは、お客様と雑談ができているか否かなのです。

雑談ができていない営業マンは、お客様との関係性が弱いため、取引の基準が〝価格だけ〟になっています。

私も営業マンの経験が10年以上あるのでよくわかりますが、**お客様は高いから商品を買**

わないのではなく、価値がないから買わないのです。では、どんな価値が必要なのか？

その営業マンと付き合う価値がないと思われるから、お客様はお金を出さないのです。価格を高く感じるのです。**お客様は何を買うかより、誰から買うかを重要視**しています。

お客様は、「私はこの人が好きだ。ファンだ」と思うと、クレームを言わないし、値引き要求もしてこないものです。


私は、東京・恵比寿にある「Ｂｅｌｅａｄ ＥＢＩＳＵ」というサロンで、毎月髪の毛を切ってもらっています。かれこれ5年以上お世話になっているのが、こちらのスタイリストの関田大輔さん。この方、予約が取りづらい、とても人気の高いスタイリストさんです。私は仕事柄、講演やコンサルティングの場で人前に出て話すことが多いので、プライベートではあまりしゃべりません。でも、この関田さんに髪を切ってもらうときは、無意識に雑談していて、とても楽しく時間を過ごせます。そのため、関田さんの大ファンになってしまったのです。

関田さんとの何気ない雑談のなかでは、「この話、講演で使える！」「この話、あの取引先に教えてあげよう！」と思うような話がいっぱい出てきます。

髪を切るという技術がプロフェッショナルであるのと同時に、お客様を雑談で楽しませるという付加価値を提供できるのが、関田さんが人気スタイリストである理由だと思います。

支払う代金の価値以上に、楽しさと学べることをたくさん提供してもらえるので、関田さんに会うと得した気分になれるのです。喜んでお金を払いたくなります。

ここまで紹介してきた例の共通点は、**「目の前のお客様を笑顔にしよう」「喜んでもらおう」というお客様を軸にした考え方**があるということです。

お客様を笑顔にしようとすると、周囲がファンであふれ、クレームを言われることが少なくなることを心に刻み込んで、実践してみて下さい。

クレーム対応に強い組織の共通点

クレームに強い組織は共通して、クレームを組織の中で共有する環境を整えています。

「クレームを出すなよ！」と言う経営者や管理職がいる会社や組織の従業員（職員）は、クレームを隠そうとします。

そして、クレームを起こしてはいけないと考える組織では、クレームを受けると、従業員は自分で何とかしようと独断で行動しようとします。

これを防ぐために必要なのは、クレームを共有し、組織として対応しようとするための環境づくりです。

「きちんと報告してくれてありがとう！」

　このように、クレームが発生したときには、素早く報告してきた部下をほめるようにして下さい。「きちんと報告してくれてありがとう！」と言える上司がいる組織は、クレームが大きくなりません。部下も自分だけで何とかしようとせず、迅速に上司に報告するようになって、トラブルを最小限に食い止めることができます。

　クレームが起きたことを隠さずに、勇気を持って迅速に報告をしてきた部下に対して、「なぜ、そんなことになったのだ！」と部下を責める上司がいる会社は、部下がクレームの報告をためらうようになってしまいます。

　これでは、自分でクレームを何とかしようとして、最終的にどうしようもなくなってから、報告が上がってくるようになります。そのときには、もう「時すでに遅し」です。ものすごくこじれた状態、解決が難しい状態になって、大クレームに発展してしまいます。

　ここで、私が毎年、研修会場としてお世話になっている「庭のホテル」（東京都千代田区）の対応に感動したエピソードを紹介します。

　3日間の研修で、お昼休みに研修の受講生の皆さんとホテル内にある和食レストランでランチをしていたときのことです。

食事が終わり、ホールの従業員の方がお茶を注ぎに私たちのテーブルに来たときに湯呑が倒れて、私のジャケットとテーブルの下に置いていたカバンが濡れてしまったことがありました。ほんの少し濡れただけで、おしぼりで拭けば問題のない程度だったので、個人的にはまったく気にはしていませんでした。

お茶をこぼしてしまった従業員の方が、すごく申し訳なさそうな表情でお詫びされたので、私のほうが逆に恐縮したほどでした。

その数分後、すぐにレストランのフロアマネージャーらしき男性が私のところに、責任者として再度、お詫びに来られました。

責任者に情報共有されたうえに、とても迅速な対応だったので、それだけでも素晴らしいと感激していたのですが、翌日のチェックアウト時にも支配人室の室長が出てこられて、再度お詫びの言葉をいただき、感動を大きく超え、感謝の気持ちさえ持ちました。

ここで皆さんに注目していただきたい庭のホテルのスゴいところは、クレームやトラブルを迅速に共有される仕組みができ上がっていることです。

「これでもか！」と言わんばかりのお詫びと気づかいの言葉の連打で、私はメロメロになって、このホテルの大ファンになりました。

講演や接客研修でも、この話をよくします。まさに、庭のホテルの宣伝部長かのように、良い口コミを広めています。

クレーム対応に強くなるためのマニュアルと仕組み

クレーム対応に強い組織では、**クレーム対応のマニュアル**が整備されています。

クレーム対応はケースバイケースで、臨機応変に対応すればよいと考えている企業は、クレーム対応に失敗して、お客様の信頼を失っています。そうならないためにも、クレーム対応のルールを明確に決めておくことが大切です。

でも、完璧なマニュアルをつくる必要はありません。よく起きるクレームの上位3つだけ、対応マニュアルをつくれば十分です。

クレーム対応マニュアルの監修のご依頼をいただくクライアントには、20個ぐらいのクレームのケースに関するマニュアルをつくりたがるところが多いのですが、20個つくっても、それを従業員の誰も覚えられないので、「**3つで十分です**」とアドバイスしています。

商品やサービスに関するクレーム、接客対応に関するクレーム、お客様の思い込みや勘違いによるクレームなど、上位3つのクレーム対応策を準備しておけば、その組織が受けるクレームの90％ぐらいはカバーできます。

その代わりに、この上位3つのクレームに対しては、社長から、入って間もないアルバイトまで、全員が同じ対応ができる状態にするのが理想的だと考えています。

その対応マニュアルのつくり方は簡単です。何度も繰り返し説明した「5つのステップ」をそれぞれのクレームに当てはめていくだけで結構です。「このクレームには、どんなお詫びの言葉がピンポイントで当てはまるだろうか？」「どんな共感の言葉を投げかけることが必要だろうか？」「話を聴いてみないとわからないけれど、どんな解決策が想定されるだろうか？」「過去にはどんな解決策を提示していただろうか？」という視点で、対策を準備しておいて下さい。

上位3つのクレーム対応マニュアルをつくると必ず気づくと思いますが、**ある程度は現場に権限を下ろしておかないと対応が難しくなります。**

つまり、よく発生するクレームがわかっているのであれば、現場の対応者に〝責任者がいなくてもここまでお客様に伝えて大丈夫〟というような決裁権を与えておく必要があります。

逆を言えば、決裁権や権限がない人がクレーム対応をするのはとても危険です。どこまでやってよいのかがわからず、しかも権限も持っていない対応者は、不用意なことを言って、会社に迷惑をかけたくないと考え、しっかり対応できずに事務的な対応になってしまって、お客様を怒らせてしまうことがあるからです。

経営者や管理者、店長がいなくても、現場が「ここまでやってもよい」という権限を持

つと、従業員はクレームから逃げずに、お客様としっかり向き合おうとします。

やはり、クレーム対応マニュアルは必要です。組織としてどこまでやるかという指針を明確にして下さい。

そうしないと、従業員が気の毒です。従業員を守るという意味もありますので、経営者や管理者は企業理念に沿って、クレーム客とどう向き合うべきか、クレームに対する考え方を明確にする必要があります。

現場に権限が与えられず、クレーム対応をしている方はぜひ、この機会に「このクレームがよく起きて困っているので、どこまでやってよいのか、私たちに権限を下さい！」と上席の方に提案してみて下さい。

これぞ超一流のクレーム対応！［パート2］

これは、私がほとんど毎日通っているカフェで目撃した話です。

40代ぐらいのサラリーマン風の男性が店に駆け込んできて、ものすごい剣幕で「コーヒーを持ち帰りしたけど、砂糖とミルクが入ってなかったぞ!!」と怒鳴って、店内の雰囲気が凍りつく場面に遭遇しました。

すると、レジカウンターにいたアルバイトの学生さんらしき男性の店員さんが、その怒鳴った男性に近寄り、「**えっ!? それは大変ご不便をおかけしました。誠に申し訳ございません!**」と見事に**限定付き謝罪**をしながら、丁寧に頭を下げました。

その怒鳴った男性は少し落ち着いた様子になったものの、さらにこう言いました。

男性がわかってほしかったところ

「急いでいたからテイクアウトにしたのに、何で(砂糖とミルクを)入れてないんだよ!」

これに対して、店員さんは砂糖とミルクを用意しながら、「**そうでしたか。お急ぎでしたのに私どもの対応が至らず、大変失礼いたしました**」と、お客様に共感して再度お詫びの言葉を投げかけました。

さらに、その店員さんは、「**このままでは熱々のコーヒーを、お楽しみいただけませんので、コーヒーを入れ直しさせていただきましょうか?**」と見事に解決策を提示したのです。

この気づかいに満ちあふれた対応によって、怒っていた男性は完全に落ち着きを取り戻し、「あっ、助かります。お願いします」と、少し恐縮しているような態度になりました。

その後、入れ直してもらったコーヒーと、砂糖とミルクの入った袋を手に少し恥ずかしそうな笑顔で「ありがとう」と言って店を出ていこうとしました。

そのとき、そのお客様の背中に向けて店員さんが、「**ご足労おかけしました。お越しいただきありがとうございます。またお待ちしております！**」と大きな声で感謝の言葉を投げかけたのです。

この迅速かつ見事な対応には、店内のお客様全員が感心した様子。緊迫した空気が一変し、店内が何となくアットホームな雰囲気になりました。私の横にいた男子高校生たちも、「スゲ～、今の対応！　あの店員、神だ！　あれは神の領域だよ‼」と今風の言葉で、この店員さんに対して最上級の賛辞を贈っていました（笑）。

このアルバイトらしき店員さんの完璧なまでの対応、とても素晴らしかった。文句のつけようのない、「**超一流のクレーム対応**」です。

でも、私はこの対応は、組織的に予め準備されていたものだと思っています。この店でよく起きる上位3つのクレームとして、きちんとマニュアルが整えられていたのではないかと考えています。

これは、私の推測の域を出ませんが、テイクアウトの際に、店員さんが砂糖とミルクを入れ忘れることがかなり多いのではないかと推測しています。当然あってはならないことですし、またそれと同じ失敗を繰り返してはいけません。

でも、どれだけ再発防止に努めても人がやることなので、必ず発生してしまいます。砂糖とミルクを入れ忘れたときは、「お詫びして」「共感して」「コーヒーを入れ直す解決策の提案をする」というルールが店側のマニュアルで決められていたのではないでしょうか。しかも、権限が現場に与えられていたと推測しています。この**権限は、お客様を主役にするためのものだと思います。**

ものすごく怒っているお客様に対しては、なかなか咄嗟に対応できるものではありません。でも、動揺せずに落ち着いて対応するためには、「**準備する**」ことが必要だと改めて認識させられた素晴らしい接客シーンでした。

あの怒鳴った男性は、きっと、このお店の店員のファンになって、このお店をまた利用されることは間違いないと思います。

エピローグ お客様の怒りを笑顔にする才能は誰もが持っている

最後までお読みいただき、本当にありがとうございました。いかがでしたでしょうか？クレームが怖くて嫌で嫌で仕方がないと思っているあなた、あるいはクレーム対応でストレスを感じているあなたのために、私のお伝えしたかったことはすべて、この本の中に書きました。

たくさんの時間をかけて魂を込めて全力で執筆しました。

1つでも2つでも3つでも、この本に書いた内容を実践していただければ、「この本を読んで良かった」と思ってもらえると信じています。

最後の最後にお伝えしますが、本音を言いますと、私はもうクレーム対応に関する本を書くつもりはありませんでした（笑）。

2011年に出版デビューしたクレーム対応に関する著書『「怒るお客様」こそ、神様です！』（徳間書店）ですべて書き尽くしたと思っていたからです。

ただ、その本の出版から6年以上が経過し、自分もクレーム・コンサルタントとして様々な業種のお客様と接しているなかで、様々なクレーム対応のケースに直面しました。

以前とは少しやり方を変える必要性を感じたり、私自身もコンサルティングの現場で、いろいろな企業の方にアドバイスさせていただいたりするなかで、新たに気づいたことがたくさんありました。

また、クレーム・コンサルタントとしてキャリアを積んだことで考え方も変わってきました。もう少し別の視点から説明をしたほうが、より実践的で役立てていただけるのではないかと考えることがとても増えましたので、今回の執筆に至りました。

さらに、この本では、前作の中で書かなかった悪質クレームの対応策についても触れています。前作では、悪質クレームやどうしようもないクレームは触れませんでした。なぜなら、日本社会からクレームに対するマイナスイメージを払拭したいと考えていたからです。

マスコミは、ほんの一部の悪質クレームだけを切り抜いて大きく取り上げることが多く、そのようなクレームに対する悪いイメージを吹き飛ばしたいと考えていたからです。

例えば、「最近のモンスターペアレンツについてどう思われますか？」というテレビ番組からの取材に対しても、「一部はそんな親御さんもいらっしゃるのかもわからないですけど、学校の先生の聴く姿勢が足りないために親御さんが（正当な）指摘をされていることのほうが多いですよ」と私は答えました。

でも、マスコミは、悪質クレーマーの実態にフォーカスを当てたがります。「悪質クレーマーなんてほんの一部です。初期対応で失敗するから怒らせているだけです」という私のコメントは、ニュース番組でほとんど取り扱われることはありませんでした。

新聞やニュース番組で悪質クレームばかりを取り上げるから、日本中がクレームに対してマイナスの感情を持つのです。「愛」を持って伝えてくれているお客様までクレーマーという悪者にされている。マスコミの情報を見てクレームに対する恐怖心を増大させる人々が増えるという図式を根本的に変えたいと思っていました。だから、書かなかったのです。

でも今回の本では、やはり、そこに踏み込まざるをえないと考えて執筆をしました。

フジテレビ系列の情報バラエティ番組『ホンマでっか!?ＴＶ』でも実際に起きているモンスタークレーマーについてお話ししました。それは、悪質クレームと良質クレームの見極めができて、対応方法を変えていくことを知っていただいてこそ、超一流のクレーム対応が実現できると考え直したからです。

悪質クレームの見極め方と対応法の両方を多くの方々がしっかり学ぶことで、日本の社会からクレームに対する恐怖心や嫌悪感を持つ人をなくしていきたいと考えました。だから、もう一歩踏み込んだことをお伝えする必要があると考えたのです。

お陰様で、講演や研修に数多く登壇させていただく機会にも恵まれ、私の話を聴いていただいたお客様から「クレームが怖くなくなった！」「クレーム対応のストレスがなくなった！」「お客様の怒りを笑顔に変えられるようになりたい！」「なんだか、クレーム対応が楽しくなってきました！」と言ってもらえることが増えました。

「講演の内容を本でも詳しく勉強してみたい」というお声もたくさんいただき、この本を執筆させていただくことを決意しました。この機会を提供して下さった日本実業出版社の皆様には、心より御礼を申し上げます。本当にありがとうございました。

この本の出版には企画段階から執筆まで1年近くの時間を費やしました。この1年間は、休日も執筆活動に時間を費やしていたため、一番大切な家族には少し寂しい思いをさせたかもしれません。自宅で私が難しい顔をしてパソコンの画面に向かっていたことで、家族にはいっぱい気をつかわせてしまったかもしれません。

妻の麻弓、長女の優花と次女の笑花には、この場を借りてお詫びと感謝の気持ちを伝えたいと思います。


「ごめんなさい。そして、いつもありがとう！」


この本を手に取っていただいた、あなたにお願いがあります。

この本でお伝えしたことを、ここだけで終わらせずにクレーム対応の現場で必ず実践するようにして下さい。この本に書かれた対応法を自分で試してみて下さい。

この本で書いた内容は、私自身の経験から学んだことだけでなく、クレーム対応に真剣に向き合い、怒りを笑顔にしている私の取引先の皆様や仲間たちの話もたくさん紹介しています。ぜひ、それをムダにしないでほしいのです（私の心の叫びです）。


この本はクレーム対応の本ですが、本質的な部分では社会での働き方について私が考えていることを書かせていただきました。

クレームを言われる人だけでなく、クレームを言う人にも、このクレーム社会を笑顔で過ごせる方法についてお伝えできたと思っています。

読者のあなたには、この本でクレームに対するストレスを取り除き、毎日楽しくお仕事や日々の生活に向き合うための一助になれば大変嬉しく思います。

お客様の怒りを笑顔に変える才能は誰もが持っています。本当です。

お客様の怒りを笑顔に変えたときの、あの心地良い癒しにも似た気持ちをあなたにも、ぜひ体感していただきたいと思います。

さぁ、次はあなたの出番です！

谷　厚志

２０１７年11月

谷　厚志（たに　あつし）

怒りを笑いに変えるクレーム・コンサルタント。一般社団法人日本クレーム対応協会の代表理事。日本メンタルヘルス協会基礎心理カウンセラー。

学生時代は関西を拠点にタレントとして活動。しかし、あるパーティの司会でスポンサー名を間違えるという大失態を犯し、芸能界を引退。その後、サラリーマンに転身し、企業のコールセンター、お客様相談室で責任者として2,000件以上のクレーム対応に従事。一時はクレームによるストレスで出社拒否状態になりながらも、「クレーム客をお得意様に変える対話術」を確立。

現在は独立し、クレームで困っている企業などのために全国でコンサルティング活動を展開、具体的なクレーム対応法をアドバイスしている。圧倒的な経験知と人を元気にするトークが口コミで広がり、年間200本以上の講演・研修にも登壇する。

著書に『「怒るお客様」こそ、神様です！』（徳間書店）、『心をつかむ！誰からも好かれる話し方』（学研パブリッシング）などがある。


どんな相手《あいて》でもストレスゼロ！

超一流《ちょういちりゅう》のクレーム対応《たいおう》

2018年１月１日　初版発行
2020年６月20日　第７刷発行

著　者　谷　厚志

発行者　杉本淳一

発行所　株式会社日本実業出版社　東京都新宿区市谷本村町３−29 〒162-0845
大阪市北区西天満６−８−１ 〒530-0047
編集部　☎03-3268-5651
営業部　☎03-3268-5161　振　替　00170−1−25349
https://www.njg.co.jp/

印刷／理想社　　製本／共栄社

この本の内容についてのお問合せは、書面かFAX（03−3268−0832）にてお願い致します。

落丁・乱丁本は、送料小社負担にて、お取り替え致します。

ISBN 978-4-534-05551-4　Printed in JAPAN